少年野球がメキメキ上達する60の科学的メソッド

BE STRONG

BE MOVING

Be Baseball Academy
by Bright-project

YouTube動画と連動！
「Be Baseball Academy@JBS武蔵」

予約の取れない野球スクール
『Be Baseball Academy』
運営

下広志
Shimo hiroshi

BE WINNING

TETSUJINSYA

事実を知ることが確かな成長の一歩に

皆さん、はじめまして。著者の下広志（しもひろし）です。

まずは自己紹介から。私はふだん、小中学生向けの野球スクールを運営するかたわら、YouTubeで技術向上のための動画も配信しています。

喜ばしいことに登録者数は約10万人にも増え、「動画のおかげでバッティングが上手くなりました」との、うれしい声もたくさんいただいています。

運営している野球スクールも数百人が在籍し、キャンセル待ちも毎回100人以上が出るほどに。

YouTubeの動画を見た人の中には直接指導を受けたいと遠方から受講しに来てくれたり、配信がきっかけで、こうして本を書く機会をいただけるまでになりました。実にありがたいことです。

野球スクールは小中学生をメインに行なってますが、それ以外にも経験者の個人指導や独立球団のサポート、AIを使用した野球アプリの開発なども行なっています。

さらに今回は本書のために、トレーニングメニューについて、白水直樹（しろずなおき）氏にご協力をいただいております。

同氏は、プロ球団に十数年在籍、もはや世界一のプレイヤーと言っても過言ではない、大谷翔平選手のサポートも手掛けていたトレーナーです。

プロの世界で得た知見と経験をアマチュア層へ届けたい、そんな思いが高じて、合流していただける運びとなりました。

私がこれまで指導をしてきた中で感じていることを少しお話しさせてください。

近ごろは誰もがスマホを所有し、多くの情報を容易に入手することが可能になりました。

野球も同様。動画サイトを中心に試合映像が視聴できるようになり、さらにはフォームチェックも自撮りで簡単にできるようになりました。ひと昔前では考えられなかったことです。

さて、ここからが本題です。これまで

の野球指導は「感覚的な指導」が多かったように思います。感覚的な指導とは、一例を挙げると、「バッティングは上から叩く」といった類いのものです。野球好きの皆さんなら、一度くらい耳にしたことはあると思います。

ですが、統計学的な観点からは、長打になりやすい打球角度は15°〜30°で収まることが多く、スイングの角度も10°〜20°くらいでスイングすることで長打が出やすくなることがわかっています。

なので上から叩けば、スイングの角度はマイナスになってしまい、それでは長打はおろかヒットを打つことすらできません。

感覚的な指導は、一部の人にはマッチしパフォーマンスを上げることにつながるかもしれません。ですが、万人に共通して成果を出せるものではなく、逆にパフォーマンスを落とすことにもなりかねません。

もっと言えば、感覚に頼った指導のみになってしまうと、指導に一貫性がなくなり、選手も混乱をきたします。さらに少年野球のような大人対子どもの構図であれば、指導者が怒号を発してしまう恐れもあるのです。

なぜなら「これだけ教えているのになぜできないんだ」と苛立ちを覚えるからです。選手にとっても「教えを守っているのに上達しない」とモチベーションの低下につながりかねません。

残念ながら、こういう場面は現実の指導で頻繁に起きています。

ところで、私たちが地球上で暮らす

限り、物理法則と身体の動作法則から逃げることはできません。必ず、大きな影響を受けます。

したがって、私たちのYouTubeチャンネルでは「根拠」を大切に考えています。

具体的には、こういうことです。

● なぜその動作をするのか？
● それによってどんな効果が生まれるのか？
● 良くない動作の原因は何か？
● 改善の練習法とは？

物理法則や身体の動作法則に沿った「事実」をしっかりと把握し、野球知識としてのリテラシーを上げることは、そのまま野球界のベースアップにつながるとかたく信じています。

私たちがYouTubeやSNSを積極的に使って配信しているのは、野球界の問題解決の助けになればという強い思いに他なりません。

そして、リテラシーのアップデートこそ、日本野球の発展と世界で戦うための素地になると信じているからです。

2023年春に開催されたWBCでは、日本代表が見事に優勝して、日本中が感動に包まれました。できれば次世代の選手たちにも恵まれた環境下でプレーし、高いパフォーマンスと才能を開花させてほしいと強く願っています。

本書がその一助になることを願いつつ――。

もくじ

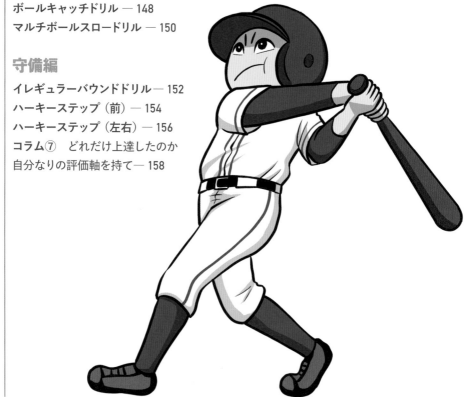

本書はYouTube連動型の
少年野球の教則本です。
まずは本文をよく読み
それからYouTube動画で
理解を深めてください。

スマートフォンでQRコードを読み込む
と著者のYouTube動画にリンクします

■3章 バッティング解説──⑤

体重移動

力の方向を決定しボールに力を与える

右に水の入ったペットボトル、
左は空。チューブで繋ぐ

離すと重い方へ動く 力は重い方へ
動くのがわかる

バッティングの四つ目の要素「体重移動」について解説します。体重移動とは、軸足の股関節に乗っていた内旋（股関節を閉じる動き）を前足のソケイ部に移動させる動きです。言葉で説明するとわかりにくいですが、動画をご覧になれば瞬時に理解できると思います。

ここで理解すべきポイントは次の三つです。

1 力の移動は重い方に向かう
2 回転速度を上げる
3 運動連鎖を利用する

順に説明していきます。

まずは1について、水を入れた容器とカラの容器を想像してください。その二つがゴムひもでつながっているとします。ゴムひもを引っ張ってから離すとカラの容器が水の入った容器へ勢いよく移動します。これは物理法則によるものです。

同じ現象はバッティングでも起きます。ステップすると前足は地面にグリップし、体重が十分に乗ります。すなわち、前足に力の移動が起きるわけです。言い換えると、ボールの方向へ力が移動します。

ちなみに、軸足（後ろ足）で回転すると、真逆の現象が起きます。要するに、キャッチャー方向へ力が移動してしまうのです。当然、これでは力強いスイングなど望めません。

続いて、2について。体重が前足に乗ることで支点の役割を果たします。十分に体重が乗ることでしっかりとした支えになります。こうすることによって回転はより効率的になります

前足が支点となる

YouTube
チャンネル動画で
さらにくわしく

て、速い回転を起こすには支えが必要です。体重を前足に移動する意味はここにこそあるのです。

3の運動連鎖ですが、わかりやすく説明するために、骨盤、体幹（お腹）、胸と身体を三つの部位にわけたとします。

まず回転は、骨盤から始まります。やがて骨盤は回転が終わって動きが止まります。続いて体幹が回転し、次に体幹の動きが止まり、胸の回転へ。最終的には腕、バットの順に回転していきます。これが運動連鎖です。こういった身体の使い方を利用すれば、加速的な回転が可能になります。もちろん、スイングスピードも同様です。

運動連鎖は骨盤から体幹、
そして胸からバットへ

運動連鎖を利用すると
加速させやすい

40

41

レッスンのポイントを写真で
わかりやすく解説しています

少年野球がメキメキ上達する 60 の科学的メソッド

まずはこれから試してみよう。

バッティング、ピッチング、守備の練習メニュー

驚くほど簡単に上達する

バッティング、ピッチング、守備の練習メニュー

驚くほど簡単に上達する

バッティング編

ひねりの力を利用してスイングしよう!

◎

| 上半身がひねられて十分に筋肉が伸びている | スイングが大きくできている |

バッティングで好結果を出しやすいコツをお伝えします！ まずは前提となる知識から。

人間が力を発揮するときは筋肉を利用します。筋肉は伸びるとちぢむ性質があり、腕に力こぶを作るとポコッと山ができます。筋肉がちぢんでいる状態です。たとえば、ゴムを伸ばして離すと勢いよくちぢみます。筋肉も同じことです。

バッティングでは上半身をひねり、下半身をステップさせます。するとお腹や腕、背中などの筋肉は伸ばされることに。ステップ後にスイングをしますがこの時に十分に筋肉を伸ばしておくとスイング時に力が強く発揮されます。つまり、大きく身体を使えばいいのです。

細かい技術に着手するよりもまずは大きく身体を使うことを意識しつつ、バッティング練習をしましょう。動画では練習法も紹介していますので、ぜひご覧ください。

上半身の
ひねりが小さく
筋肉が伸びていない

力強い
スイングが
できていない

まずはこれから試してみよう。

バッティング、ピッチング、守備の練習メニュー

驚くほど簡単に上達する

身体の移動スピードを高めると球速が大幅にアップ！

十分に
バッター方向へ移動し
速度を得ている

後ろ足が
伸びきっておらず
移動しきれていない

当たり前の話、球速が速ければ速いほどピッチャーが有利になります。そこで簡単に球速がアップする練習法をお伝えします。

ピッチングでは足をあげて身体をバッターの方へと向かわせます。このとき、身体もバッターの方へ移動するわけですが、その「速度」が非常に重要です。たとえて言えば「助走」の役割を果たしてくれるのです。移動速度が速ければ、エネルギーが大きくなり、ボールに伝わる力も大きくなるのです。

動画では簡単な練習法として片足跳びをやりながら投げる練習をご紹介しています。以降の章でたくさんの練習法を紹介していきますが、どんな練習やトレーニングでも「どうやるか」「なぜやるか」を必ず理解してから練習してください。それらを意識するだけでも、効果は格段に向上します。

移動しきったときに
上半身と下半身に
角度差があることも大切

前足が着地した時に
すでに胸が前を向いていると
回転や腕の振りが弱くなる

13

まずはこれから試してみよう。

バッティング、ピッチング、守備の練習メニュー

驚くほど簡単に上達する

どんなボールでも正確に グローブにキャッチ! ハンドリングを鍛えよう

◎

Be Baseball Academy

"Be strong„ "Be moving„ "Be winning„

グローブの
捕球面で
しっかりと捕球する

YouTube
チャンネル動画で
さらにくわしく

守備でまず押さえるべきは、なんと言ってもグローブで正確にボールをキャッチできることです。ところがこれ、実際は相当に難しい。守備はゴロやフライを追いかけながら、捕球の姿勢を作り、動いているボールを正確にキャッチする動き。多くの身体能力が要求されるからです。

　ボールを正確にキャッチする能力は、ハンドリングとも呼びますが、ま

ずはこの技術をしっかり体得するのが、守備の上達には不可欠です。動画で紹介してる練習は、膝をついた状態で正確にボールをキャッチすることだけに特化した練習です。初心者から上級者までぜひやってほしい練習です。それだけ基本中の基本として身につけておきたい技術になります。動画を繰り返し見て、ぜひマスターしてください。

グローブを
上から被せると
エラーの原因になる

ティーチングとコーチング

突然ですが、コーチの語源を知っていますか？

コーチには英語で「馬車」という意味があります。馬車には「相手を目的地まで送り届ける」という役割がありますね。これは野球のコーチも一緒です。日本で使われているコーチという言葉には「教える人」の印象が強いかもしれませんが、本来の意味は、選手を目的地まで送り届けることなのです。選手もコーチも向かう先、つまり「目的地＝野球の上達」は一緒なわけです。

たとえば「レギュラーになりたい」という目標を、ある選手が持っていたとします。この目標は選手もコーチも同じです。選手とコーチの大きな違いは役割が違うだけ。選手の役割はプレーをすることで、コーチの役割は選手のプレーをサポートすることです。

教えることは「ティーチング」と言いますが、特徴はコミュニケーションが一方通行で、タテの関係性となります。選手にあれをさせる、これをさせるといった選択の決定権は、あくまで教える側にあるのです。

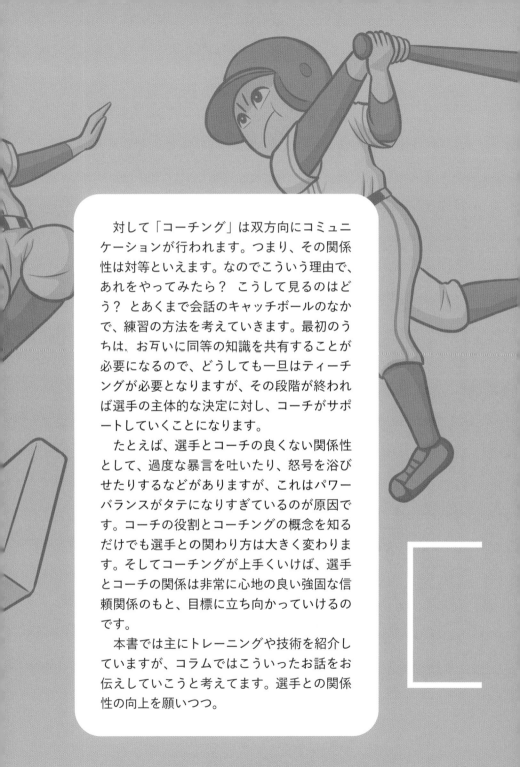

　対して「コーチング」は双方向にコミュニ
ケーションが行われます。つまり、その関係
性は対等といえます。なのでこういう理由で、
あれをやってみたら？　こうして見るのはど
う？　とあくまで会話のキャッチボールのなか
で、練習の方法を考えていきます。最初のう
ちは、お互いに同等の知識を共有することが
必要になるので、どうしても一旦はティーチン
グが必要となりますが、その段階が終われ
ば選手の主体的な決定に対し、コーチがサポ
ートしていくことになります。

　たとえば、選手とコーチの良くない関係性
として、過度な暴言を吐いたり、怒号を浴び
せたりするなどがありますが、これはパワー
バランスがタテになりすぎているのが原因で
す。コーチの役割とコーチングの概念を知る
だけでも選手との関わり方は大きく変わりま
す。そしてコーチングが上手くいけば、選手
とコーチの関係は非常に心地の良い強固な信
頼関係のもと、目標に立ち向かっていけるの
です。

　本書では主にトレーニングや技術を紹介し
ていますが、コラムではこういったお話をお
伝えしていこうと考えてます。選手との関係
性の向上を願いつつ。

指導者と選手が理解すべき前提知識

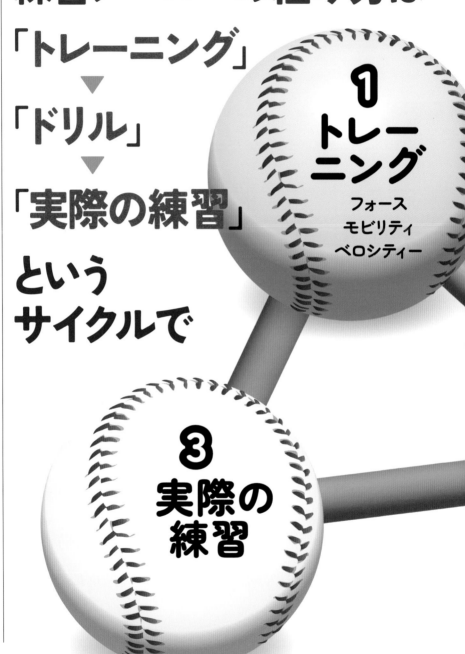

練習メニューの組み方は

「トレーニング」
▼
「ドリル」
▼
「実際の練習」

という
サイクルで

❶
トレーニング

フォース
モビリティ
ベロシティー

❸
実際の練習

練習効果を高める、またその効率を高めていくための、前提知識をお伝えしていきたいと思います。練習効果を高める一つの概念として「練習サイクル」というのがあります。練習の三つの要素、すなわち、トレーニング、ドリル、実際の練習を一つのサイクルとして行うのです。

説明が必要でしょう。

この場合のドリルとは、特定の動作を身につける為のフォーム習得練習で、トレーニングはフォームを習得するための、身体機能を上げる練習を指します。両者はなんとなく似てますが、混同しないよう気をつけてくださ

❷
ドリル

い。繰り返しますが、ドリルはフォーム習得練習、トレーニングは身体機能を上げるための練習です。

なぜ練習サイクルが必要なのか？

練習をしていくに当たって、フォーム練習だけを行っていても、なかなか技術が身につかないことはよくある話です。フォームは力強くダイナミックに行いながら、それでいて柔らかさも必要なのです。

一流のプロ野球選手はとてもパワフルですし、端から見てもかっこいいフォームをしています。

しかし、まだ成長が未発達な選手は、動きが小さくこぢんまりとしていたり、バタバタとなりがちです。体の土台そのものがまだ未発達の場合、フォームに必要な動きを身につけるには限界があります。

そこで、トレーニングによってフォームを身につけるのための「土台作り」が必要になります。

トレーニングよって土台を作り、その上で必要な練習フォームを身につけ、実際にボールを打つ・投げるを行うことで、成果が上げやすくなります。ドリルによるフォーム練習だけでなく、土台となる部分から、アプローチしていくことでより技術を効果的に上げていくことにつながるのです。トレーニング–ドリル–実際の練習のサイクルをしっかりと理解し、練習内容が偏らないメニューを心がけましょう。

三種のトレーニング

力強さ
Force

柔らかさ
Mobility

速さ
Velocity

ト レーニング（＝身体機能を向上させるための練習）の種類についてお伝えします。

まずは上達をするためにどんなことを知っておけば良いのか、それについての正しい理解が大切です。

❶ 力強さを鍛える＝フォース

これは体重などを含めた重さや力の強さのことです。力強さはすべてのトレーニングの土台になり得ます。

このトレーニングでは、筋力を高めることが重要になります。

たとえ小学生でも自分の体重を支えるほどの最低限の筋力をつけておくと、ケガの防止に役立ちます。まずは力の原動力をつけましょう。

❷ 柔らかさをつける＝モビリティ

モビリティは「可動性」を意味します。一般的な柔軟性も、もちろん大切です

こちらは力強さを養う
フォースのトレーニング

柔らかさが身につく
モビリティのトレーニング

が、打ったり投げたりする動きのなかで、体を大きく使い切ることも一種の柔軟性として重要です。

❸ 速さを鍛える＝ベロシティー

ベロシティーは「速さ」のことです。動きは速い方が当然力強くなります。スイングスピードも速い方が有利ですし、腕の振りもスピードのある方がより強力なパワーを発揮できます。

力の大きさは「質量×加速度」で決まります。❶〜❸は相互関係のようになっているので、これが優先されるというものが存在しません。

ここでもう一度、トレーニングの種類を表示します。

▶筋力の土台を作る（力強さ＝フォース）
▶大きく体を使い切る（可動性＝モビリティ）
▶大きく身体を使うなかで速度を高める（速さ＝ベロシティ）

効率のいいトレーニングを目指すなら、このようにトレーニングを三つの要素に分解し、取り組むべきです。

本書ではそれぞれの要素に分けたトレーニングメニューを紹介しています。ちなみに練習の考案は、東京都文京区にあるトレーニングジム PROGRESS SPORTS PERFORMANCE LAB.代表の白水直樹氏によるもので、日本ハムファイターズと読売ジャイアンツで10数年のプロトレーナーとしてのキャリアを積んでおり、2023年、MLBで日本人初のホームラン王を獲得した大谷翔平選手や同じくMLBで活躍しているダルビッシュ有投手、両選手の基礎を作ったと言われる人物です。

さらに2023年のWBCで大活躍した近藤健介選手とは深く親交があり、現在でもトレーニングや練習を支えています。

ドリル（＝フォーム習得練習）やトレーニングでもプロの知見が詰まった内容になっております。指導者や保護者の方はご自身のアップデートに、選手には自分自身の上達のために、積極的に取り組みご活用ください。

速さを獲得できる
ベロシティーのトレーニング

メディシンボールを使った、
力強さを身につけるトレーニング

物理法則の理解

物理 ＝ 必ず起きること

「は じめに」でもお伝えしましたが、私は「根拠」、なかでも「物理法則」を大切にしています。

たとえば「モノを落とすと落下する」は必ずそうなります。これを私がやろうが、子どもや外国人がやろうが、明日でも、一年後でも重力がある限り、必ずそうなるのです。

私たちが地球上に存在する限り、こういった「必ず起こること＝物理」の影響を受けています。そのため、常にこのような物理法則を意識することが重要なのです。

ところで、医療が日々発展していくのと同じように、野球の技術や理論も日進月歩で進化しています。

皆さんが本書で学んだことさえ、極端な話、明日になれば古いものに変わってしまう可能性を否定できません。私自身、学びを深めてる最中です。

なので、皆さんには常に新しい情報を積極的にアップデートしてほしい。たえず学び続ける姿勢こそ、野球の上達に欠かせないことなのです。

① NEW UPDATE

指導者や保護者の方は
積極的に情報のアップデートを！

身体の動作法則と
その構造に
沿った考え方

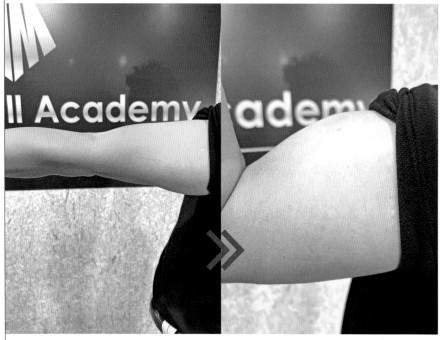

筋肉は
伸びて

ちぢむことで
力を発揮する

私にはもう一つ、大切にしている「根拠」があります。身体の動作法則とその構造に沿った考え方です。

どういうことか。たとえば筋肉がパワーを発揮するのは、伸びたりちぢんだりするときです。また関節は力を出す前に必ず曲がります。ヒザや股関節を一切曲げずに飛び上がることはまずできません。身体の構造がそれを許さないからです。

いまの話は一例に過ぎませんが、こうした身体の動作法則とその構造に沿ってフォームを考えることが重要だと思っています。

より多くの筋肉や関節を使うことができれば、大きな力を出しやすくなる。これも身体の動作法則の一つです。

これだけの説明では少しわかりにくかったかもしれませんが、今後、身体の動作法則に沿った練習方法を紹介する際は、できるだけわかりやすくお伝えしようと思います。

より多くの筋肉や関節を使うことができれば
大きな力を出しやすい

楽しさの要素

楽しさの要素についてお伝えしてたいと思います。指導者になると誰もが選手に楽しくノビノビと練習してほしいと願うものです。また選手も楽しく練習したいと思ってるはずです。

　ただこれは同時に、難しい問題でもあります。私も指導者になりたてだった二十代前半の頃は選手に楽しくやって欲しいという思いから「楽しさ」というものを優先していました。少々のことは不問に付して、とにかく怒らず叱らず。選手のモチベーションを気にするあまり、褒めてばかりだったと記憶しています。

　しかしある日、大きな勘違いに気がつきました。「楽しさ」という言葉には色々な要素があるとわかってきたのです。例を挙げると、

- 友達がいる楽しさ
- みんなで何か一つのことをする楽しさ
- 野球をプレーする楽しさ
- スポーツをする楽しさ

などという根本的な部分から、

- 自分が向上していくことの楽しさ
- 創意工夫する楽しさ

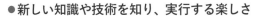

●新しい知識や技術を知り、実行する楽しさ
●目標に向かう楽しさ

　というように向上心をベースにした「楽し
さ」というものもあります。
　もちろん、選手によって「楽しい」と感じ
る要素は色々です。そのため指導者は各選手
の楽しさを見極めることが大切です。
　やたらと選手の顔色をうかがうだけでは適
切なフィードバックはできません。たとえば
全力でやっていなくても褒めてしまう。こん
なおだてるような褒め方はさけるべきです。
　なぜなら、前述した私がまだ二十代前半の
ころ、選手の結果だけを頻繁に褒めたりして
いましたが、結局、それは「結果を出さないと
褒められない」という選手の変なプレッシャー
になってしまうのです。褒められたいという意
識が働くのでしょう。いったんこうなると、結
果が出ない間はウソをついたり言い訳をし始
めます。凡打してしまっても「なんか今日は調
子が悪い」、「2球目をストライクにされたけど
あれはボールだった」など、そんな言い訳が
出てきます。それは無論、結果を出せない自分
自身を認めることができないから。
　これでは向上していくことは難しいです
し、長期的なモチベーション作りも困難にな
ります。原則的には過程の部分を褒めてあげ
てください。野球をもっと上手くなりたいと
いう意志そのものにフィードバックすること
になるので、一層の効果が見込めます。
　本人が何を楽しいと感じているか。その要
素を見定めて指導すれば、選手との信頼はよ
り強固なものになっていくでしょう。

バッティング解説

構え・タメ・ステップ
体重移動・回転

全体の流れ

 構えで必要なのは
股間節を曲げること

タメで必要なのは
股関節を曲げる動きと
閉じる動き

ステップで
必要なのは
胸をひねること

れからバッティングについて解
　　説をしていきますが、まずは大
きな流れと各場面にて論じる動作名称
をお伝えします。

1 構え　**2** タメ　**3** ステップ
4 体重移動　**5** 回転

　本書では、バッティングの要素を五
つにわけて説明をしています。
　それぞれの必要な動きや効果、そし
てなぜその動作をする必要があるの
か？ という根拠を説明しながら解説し
ますので、しっかりとお読みください。
　バッティングはその動作が次の予備
動作になります。簡単に言うと本書で

は、**1** をマスターしてから **2** に取りか
かる。**2** をマスターしてから **3** に取り
かかる、という構成になっています。
なので一つずつ、きちんと理解してい
くことが大切です。**1** や **2** が不十分だ
とあとの **3** **4** **5** も不十分となります。
どこができていないのか、あるいは、ま
た出来ない原因はどんな動きが不足し
ているのか。全体の流れを考え、どこ
を練習していけば良いかを本書で理解
できるような構成となっています。指
導者の方は選手へ、また保護者の方は
ご自身のお子さんに対してご活用くだ
さい。もちろん、選手自身も、練習に
大いに活用してもらえると幸いです。

体重移動のポイントは **1** 力は重い方
へ向かう、**2** 回転速度を上げる、
3 運動連鎖を利用するの三点

回転の際は
「スイングプレーン」と
「慣性モーメント」がキーワード

構え

力の出しやすい姿勢を作る

では、正しいフォームを身につけるためのレッスンを始めます。

「構え」の際、最も重要なのは、力の入る姿勢を作ることです。そのためには三つの関節、すなわち足首、ヒザ、股間節を直列にする必要があります。これはとても大切なことなので必ず覚えてほしい事柄です。

三つの関節が直列になっているメリットはたくさんあります（関節が直列になっているのを想像しにくい人は動画をご覧ください。きっちり解説しています）。たとえば、

▶力が分散しにくくなる
▶バランスがよくなり、動きやすくなる
▶次の動作にスムーズに移行できる

構えでは足首-ヒザ-股間節を
直列にする

内股になるのは
NG

なぜ、そうなるのか。

　地面反力という言葉をご存じでしょうか？　足でグッと地面を踏み込んだとき、地面の方向から同じ強さで押し返してくる力のことです。構えでは、この力を利用すると上手くいきます。三つの関節が直列になっていると押し返す力の方向も整うので、次の動作がスムーズに出てきますし、力も分散しにくくなります。逆に言えば、関節が直列になってないと、地面反力が分散してしまいます。するとどうなるのか。

　足を上げた場合、グラグラと崩れてしまったり、極端に前に行きすぎてしまったりするのです。野球用語でいう「ツッコミ」「泳ぎ」「身体の開き」などの状態です。これでは、ボールを追

う視線もズレてしまい、良いことは何もありません。

　バッティングに限らず、人間の動作（フォーム）は連続します。なので最初につまずくと、その次も失敗してしまう確率は非常に高くなります。

　たとえば身体の開きがあったとします。その原因を探っていくと、元凶は最初の構えにあるため、改善は容易ではありません。動きのスムーズさや力強さに大きく影響するので、まずは最初の「構え」を正しく行いましょう。

ガニ股も
ダメ

ヒザがつま先を
越えるのも良くない

タメ

力強くステップするための準備

構えのフォームをマスターしたら、次の課題は「タメ」です。

ここで重要な動きは「股関節を曲げる」「股関節を閉じる」の二点です。この二点がしっかりできると股関節が優位になります。言い換えれば、股関節の屈曲（股間節を曲げる動き）と股関節の内旋（閉じる動き）を実行するのです。こうすることで、お尻の横あたりや太ももの裏、太ももの内側あたりの筋肉が格段に使いやすくなります。次のステップ動作もスムーズに行いやすくなります。

逆に、股関節を閉じる動きがうまくできないと、ひざ関節の動きが不安定になり、ひざが左右に大きく開いてしまいます。この状態で動けば、ひざの

◎

まずは股関節を曲げて
（屈曲）

次に股関節を閉じる
（内旋）

向きが変わりやすいため、ガニ股のような状態に。これでは、身体の重心がキャッチャー方向にかたむき、タイミングよく次の動作に移行できません。結果、ボールに差し込まれ、逆方向の弱いフライを量産するハメになります。

　また、ひざが内側に入る状態では、極端に身体が前に出てしまうことに。こういう状態では、強力なスイングなど到底、望めません。ひざ関節が動きやすい状態だと、太ももの前側の筋肉が使われやすくなります。この辺りの筋肉がすぐに疲れる場合、動きが誤っている可能性が高いので、方法の見直しを検討すべきです。

　股関節を曲げる＆閉じるをキープしている時は姿勢が安定されて動けるので、次の動作をスムーズに行えます。

▶ボールが見やすくなる
▶タイミングが取りやすくなる

などのメリットもあります。ひざ関節が動きすぎてしまう場合、自分の身体をコントロールしにくい状態にあります。前述した股関節の動きを覚えて身体をコントロールし、フォームを作ることが肝要です。もう一つ、注意事項として、打つ前の状態では、スイングスピードを出しやすい体勢に整えておきましょう（次項で解説します）。

ヒザの向きが変わると
ガニ股になるので注意

その結果
凡打になりやすい

［ステップ］
上半身と下半身の割れを作り、回転を強くするための予備運動

構え、タメと来たら、次はステップです。

この課題で目指すのは「回転を力強くするための姿勢作り」です。強力な回転を生むための不可欠な条件は、胸をひねった状態でステップをすること。これだけです。

胸を大きくひねると、回転が可能になります。胸のひねりをキープしたまま、ステップし、回転につなげるのです。胸の回転量が多くなることで、スイング開始からインパクトまでに加速度を得やすくなるのは言うまでもありません。ちなみに、これは物理公式の一つ、力＝質量×加速度で表し、物理の

ステップでは胸をひねり
回転の準備を整える

観点からすると加速度に貢献します。

　胸のひねりを作る際の注意事項としては、

❶ピッチャー側の肩甲骨（けんこうこつ）が背骨から離れること。

❷ピッチャー側の肩がアゴの下まで動くこと（文章ではイメージしづらいでしょうが、動画をご覧になればすぐに理解できます）。

　また胸のひねりをキープした状態でステップすると、下半身と上半身に角度（回転）の差ができます。この状態を野球用語で「割れ」と言いますが、割れの状態が生まれると、お腹や脇腹の筋肉が伸びます。筋肉は伸びると縮もうとするので、ここで生じたパワーが活きるのです。

　逆に言えばこの動きができないと、力強いスイングはできません。この動きを苦手とする選手には、スローボールや変化球に対応できない、あるいは低めのボールが打てないというネガティブな傾向が見られます。そうならないよう、ここでしっかりとマスターしましょう。

その際の注意点として
ピッチャー側の肩甲骨を
背骨から離すことが必須

ピッチャー側の肩が
アゴの下で動くことも
大切

体重移動

力の方向を決定しボールに力を与える

バッティングの四つ目の要素「体重移動」について解説します。体重移動とは、軸足の股間節に乗っていた内旋（股間節を閉じる動き）を前足のソケイ部に移動させる動きです。言葉で説明するとわかりにくいですが、動画をご覧になれば瞬時に理解できると思います。

ここで理解すべきポイントは次の三つです。

1. 力の移動は重い方に向かう
2. 回転速度を上げる
3. 運動連鎖を利用する

順に説明していきます。

まずは1について。水を入れた容器とカラの容器を想像してください。その二つがゴムひもでつながっているとします。ゴムひもを引っ張ってから離すとカラの容器が水の入った容器へ勢いよく移動します。これは物理法則によるものです。

同じ現象はバッティングでも起きます。ステップすると前足は地面にグリップし、体重が十分に乗ります。すなわち、前足に力の移動が起きるわけです。言い換えると、ボールの方向へ力が移動します。

ちなみに、軸足（後ろ足）で回転すると、真逆の現象が起きます。要するに、キャッチャー方向へ力が移動してしまうのです。当然、これでは力強いスイングなど望めません。

続いて、2について。体重が前足に乗ることで支点の役割を果たします。十分に体重が乗ることでしっかりとした支えになります。こうすることによって回転はより効率的になります。強く

右に水の入ったペットボトル、左は空。チューブで繋ぐ

離すと重い方へ動く 力は重い方へ動くのがわかる

前足が支点となる

て、速い回転を起こすには支えが必要
です。体重を前足に移動する意味はこ
こにこそあるのです。

■3の運動連鎖ですが、わかりやすく
説明するために、骨盤、体幹（お腹）、胸
と身体を三つの部位にわけたとします。

まず回転は、骨盤から始まります。
やがて骨盤は回転が終わって動きが
止まります。続いて体幹が回転し、次
に体幹の動きが止まり、胸の回転へ。
最終的には腕、バットの順に回転して
いきます。これが運動連鎖です。こう
いった身体の使い方を利用すれば、加
速的な回転が可能になります。もちろ
ん、スイングスピードも同様です。

運動連鎖は骨盤から体幹、
そして胸からバットへ

運動連鎖を利用すると
加速させやすい

41

回転
力をボールに与える

回転は、バッティングの最終段階です。ここまでの説明で、力の入りやすい姿勢を作り、その姿勢をロスすることなく移動させていくことが重要だとお伝えしました。他の項目も、もちろん大切ですが、回転はバッティングの最終局面、ゆえにスイングの正確さと力強さに直結します。回転の精度を高めてこそ、バッティングの結果を大きく左右すると言っても過言ではありません。

では、解説を。

これまでの 「ステップ」と「体重移動」の項目で、スイング前には、次の三点が重要だと説明しました。

❶ ピッチャー側の肩甲骨が
背骨から離れる動き
❷ ピッチャー側の肩が
アゴの下にくる動き
❸ 胸をキャッチャー方向へひねる動き

ここで復習を。
スイング前にとても
重要なのは胸のひねりと

ピッチャー側の肩が
アゴの下に来る動き

そして肩甲骨が
背骨から離れる動き

運動連鎖の説明でもお伝えしましたが、身体を加速させる使い方は大きな部位から動かし、より小さい部位を使っていく動作が不可欠です。

　キャッチャー方向へひねってあった胸を力強くかつ速く、ねじり戻す動きも重要です。この動きが不十分な選手は私の約十五年の指導経験上、非常に多いです。胸のひねり戻しと腕を使うタイミングの正確さが理想的なスイングを生むのです。また、ミート率の観点からもこの動きは重要です。

　スイングプレーンという言葉をご存じでしょうか？　これ、もともとはゴルフ用語なのですが、野球に当てはめて説明します。まずはでんでん太鼓をイメージしてください。これを回すとひもがまっすぐ伸びてコンコンコンと音が出ますが、このとき、太鼓の軸とヒモは必ず90°で交わります。

　野球で言えば、太鼓の回転軸は胸の背骨（胸椎）に、腕がヒモに該当します。

胸がひねり戻されることで回転がおきる。この時、回転軸（背骨）に対してバットが直交すれば「スイングプレーン」が形成され合理的なスイングとなる。

　こうした物理的根拠がベースになっているので、当然、合理性も高まります。

　力強くスイングしようとする際、腕や手も強く速く動かしがちですが、末端部から動かせば強い力は出しにくくなります。ヒット性の強力な当たりを狙うなら、手や腕など、末端部から動かすのは明らかな誤りです。

　もう一つの物理的観点として、私は慣性モーメントを大切にしています。慣性モーメントとは、端的に言えば、回転のしやすさを意味します。フィギュアスケートの選手を思い浮かべてください。彼らは3〜4回転ほどジャンプをする際、必ず腕をちぢめて回転します。回転の半径を小さくすれば、速度を得やすくなるからです。逆に、手を広げた状態ではさほどのスピードは出ません。これと同じことがバッティングでも言えます。

　スイングが始まったら、まずグリップ（＝手）と胴体の距離を一定に保つこと。ただし、インパクトが近づくにつれ、胴体から腕を離して、強力なパワーに転換します。注意すべきは、スイングの開始から、腕や手を過度に使いすぎたら、スイングプレーンからバットの軌道が外れることです。さらに慣性モーメントが大きい状態でスイングしてしまうため、十分な速度を得ることはできません。繰り返しになりますが、力＝質量×加速度で算出されます。スピードが落ちると、加速度に対してマイナス要素が働くわけです。

無意識の自覚を育め（はぐくめ）

私の経験則では、自らに「願望」を課した選手は良い選手に育っていくように思います。その日のやる気に左右されることもなければ、誰かに指示されることもない。そういう選手は自分で一人で勝手に上達していく傾向があるのです。いきなり「願望」と言われても何のことかわからないですよね。

ここでいう願望とは「自分自身をどう定義づけているか」の意味です。

たとえば、ある選手が自分自身を「将来プロ野球選手になる」と定義づけたとします。自分自身をそう定義し、練習に取り組むとどうなっていくでしょうか？

もちろん、最初はただの願望です。しかし、やがてそれは無意識の自覚に変わっていく。今まで少しだけ手を抜いてしまった部分があれば、反省して頑張ろうとするはずです。プロ選手が練習に対して手を抜くはずがないからです。もし自分がプロ野球選手だったら？　という風に願望を持っても、最初のうちはそうは思えません。ただ、コーチや保護者が適切なフィードバックや声かけを通じ

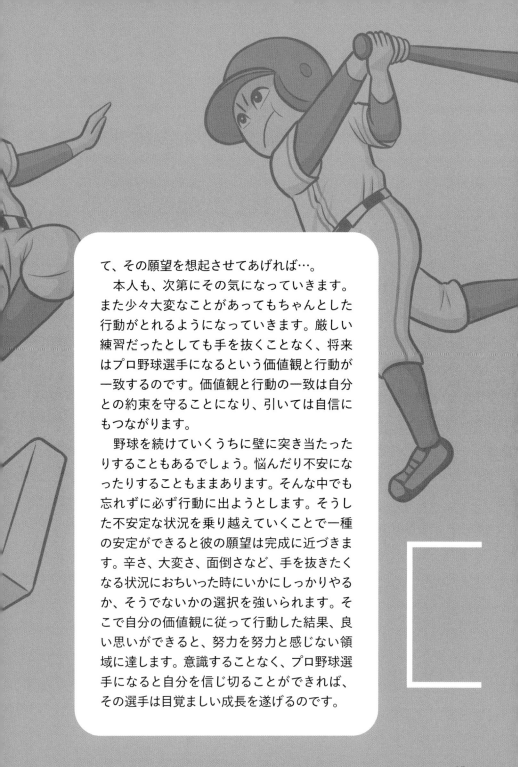

て、その願望を想起させてあげれば…。

　本人も、次第にその気になっていきます。また少々大変なことがあってもちゃんとした行動がとれるようになっていきます。厳しい練習だったとしても手を抜くことなく、将来はプロ野球選手になるという価値観と行動が一致するのです。価値観と行動の一致は自分との約束を守ることになり、引いては自信にもつながります。

　野球を続けていくうちに壁に突き当たったりすることもあるでしょう。悩んだり不安になったりすることもままあります。そんな中でも忘れずに必ず行動に出ようとします。そうした不安定な状況を乗り越えていくことで一種の安定ができると彼の願望は完成に近づきます。辛さ、大変さ、面倒さなど、手を抜きたくなる状況におちいった時にいかにしっかりやるか、そうでないかの選択を強いられます。そこで自分の価値観に従って行動した結果、良い思いができると、努力を努力と感じない領域に達します。意識することなく、プロ野球選手になると自分を信じ切ることができれば、その選手は目覚ましい成長を遂げるのです。

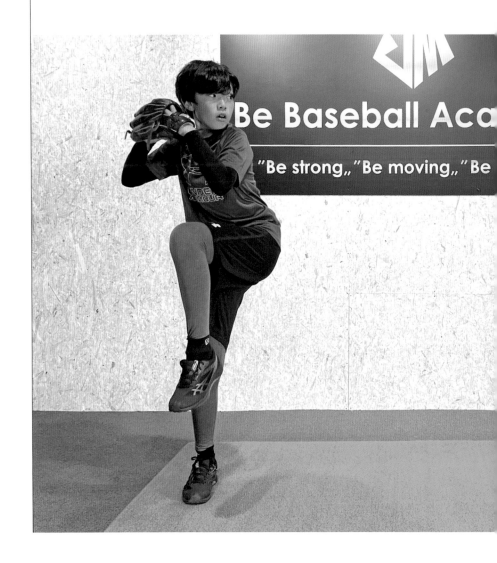

第4章

ピッチング解説

並進運動・テイクバック・着地姿勢

胸の反り・リリース

並進運動

スピードを高めて エネルギーを作る

移動

ピッチングの動作について説明します。

ここで重要な点は二つ。

1 移動の速度
2 移動の方向性

足を上げてから前足を着地させるステップまでを並進運動と言いますが、この段階での速度と方向が球速アップにも、コントロールの向上にも非常に有効です。私が物理法則の観点や身体の動作法則を根拠にしているのはすでに述べたとおりですが、その一つに、「運動エネルギー」というのがあり、公式は質量（重さ）×速度の2乗×1/2です。したがって、移動速度の速い方がエネルギーが大きいことになります。

移動の方向性も非常に重要なポイントです。どれだけ速く移動してエネルギーを大きくしても、その方向がズレ

○ 軸足が伸び移動速度が速い

× 軸足が伸びきらず移動速度が遅い

ていればバッター方向にボールを効率よくリリースできません。

　詳しくは動画を閲覧して頂きたいですが、二つの条件を満たすには「股関節を曲げる」動きと「股関節を閉じる」動きが必須です。後はバッティングでも説明をした軸足の関節の位置

関係を適切にし、地面反力を利用して移動します。とても重要な課題ですので、まずはこの並進運動をしっかりとマスターしましょう。

投げる方向へ
真っ直ぐ移動している

投げる方向に
真っ直ぐ移動
できていない

股関節を
曲げる動き（屈曲）と、

股間節を
閉じる動き（内旋）
これらは必須！

テイクバック 上半身に必要な動きを覚えよう

並進運動の次にピッチングで大切な動作は「テイクバック」です。テイクバックは腕を振り上げる動作のことです。この動作が完了すれば、その後、腕を振る（回転していく）ことになりますが、テイクバックで重要なのは、腕の振りを強くする準備をしていくことがポイントです。腕を強く振れば、当たり前ですが、ボールへ伝わる力は強くなります。なので球速アップや良質なボールを投げることにつながるのです。

必須動作はいくつかありますが、もっとも大事なのは、ボールを持っている手の方の肩甲骨を背骨側にしっかり寄せること。これを肩甲骨の内転と言います。ボールを投げるときに、手首だけ動かしても速く投げることはできません。ヒジと手首だけでもまだ投げられません。身体の中心に近い、大きな

テイクバック動作では、胸が大きく動く

大きく胸が動いていない

身体の部位を動かせば、より多くの筋肉が使われるのです。言い換えれば、身体全部を使い切っていることになります。

　力強いボールを投げるには「肩」

「肩甲骨」、そして「胸」を大きく使っての、テイクバックが求められます。

◯

投げる側の肩甲骨が内側へ動くことで腕が強く振れる

×

肩甲骨が内側へ動ききっていないのはNG

×

身体を大きく使えていない

×

身体が使えないと手投げになりやすい

着地姿勢

回転の差で身体のバネを使う

着地姿勢は、ピッチング三つめの要素です。着地姿勢は最初に取り上げた「並進運動」と二つ目の「テイクバック」が組み合わさった動作です。並進運動で速度を上げ、移動方向を正確にバッター方向へ向かわせます。テイクバックで腕を力強く振れるようフォームを整えていきます。この二つの動作が正確にできると上半身と下半身の角度に差ができます。上半身はやや後方に捻られて下半身は横（やや前）に向きます。こうなると、体幹は捻られ、筋肉はゴムの様に伸びたりちぢんだりして力を発揮するのです。捻りができていることにより、腕だけでなく胴体の回転も強くすることができるため、球速アップにもつながります。着

テイクバック

並進運動

着地姿勢は並進運動と
テイクバックの組み合わせ（横向き）

着地姿勢
（前向き）

地姿勢を正確に再現することで、腕の加速する距離を確保できます。野球用語で言うところの「身体の開き」や「肩の開き」も抑えることができます。

　着地姿勢をきっちりできないと上半身と下半身の角度差がない状態になり、手や身体が前を向き、加速させる距離を作れません。また、筋肉の伸び

ちぢみも有効に使えません。

　着地姿勢の動画はフォームチェック用として十分に活用できます。練習をしっかりと重ね、正確なフォームを身につけましょう。

上半身と下半身に
角度差のあることがカギに

角度差がないと
回転時に腕を強く振れない

胸の反り 腕を振る時の反動を利用する

こからはピッチングの回転運動の解説です。

回転運動をした際に必要な動作は「胸が反る動き」です。この動きは「胸椎の伸展」と呼ばれ、背骨にカーブを作る動きと言えばイメージしやすいでしょうか。

野球用語では「胸を張る」と形容されること多いです。

腕を強く振るためには、腕自体を振ることはもちろんですが、胸を反る動きがきっかけになります。胸を反ったり張ったりする動きは筋肉を伸ばし、伸びた筋肉はちぢもうとするので、そこがパワーの源泉になるのです（詳しくは動画をご覧ください）。

回転運動の様子

野球指導の常套句として「ヒジを前に出して投げろ」というフレーズがありますが、絶対にやらないでください。それをやっても効率よくボールを投げられないどころか、デメリットがたくさんあるからです。

まず、腕の力だけで投げるため、他の関節や筋肉を使うことができません。腕の力もボールに伝わりにくくなります。その上、ヒジの骨がぶつかりやすくなるため、ケガの原因にさえなります。

パフォーマンスを下げる点、ケガ予防の観点からもこの動作は要注意なので、動画でしっかり学んでおきましょう。

ヒジを前に出して
投げるのは厳禁だ

ヒジの骨が
ぶつかりやすくなる

背骨にカーブを作ってる様子

リリース

ボールの中心に力を込める

ピッチングの最終段階、リリースについて解説します。

リリースは、ボールに力を伝達するための重要な動作です。

しかし、私はこの部分でロスしている選手は多いと感じています。

押さえるべきポイントは、ボールの中心に力を伝えること。上手くできない選手の多くは、ボールの右下に力を入れてしまって、中指がボールにかかっていません。

この状態でボールをリリースしてしまえば、力の伝達や方向性が正確にならないのは明白です。そもそも低学年の場合は手のサイズが小さいことも無関係ではないでしょう。

投げ方そのものの指導をすることはよくありますが、リリースを指導するこ

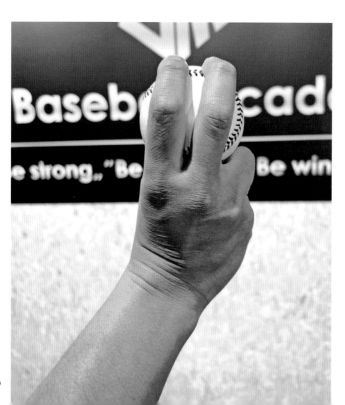

ボールの中心をリリースできている

とはあまり機会がありません。逆説的に言うとそれだけ改善の余地があるということになります。リリースはスマホで後方から撮影し、スローモーションで見るとよくわかります。映像を見ながらやると選手も理解でき積極的に改善に取り組もうとします。

リリースが的確にできるようになるだけでもすぐに球速UPやコンロトールUPが見込めるのです。

×

ボールの右下側（右投げの場合）に力が当たることが多い

小学生の手。サイズが小さくちゃんとボールが握れない

投資と消費

私は常々、時間の使い方には二種類あると思っています。一つ目は「投資する時間」。二つ目は「消費する時間」です。このことは、日頃から私のスクール生にはよく伝えている事柄です。

投資する時間とは「将来の自分のための時間」。その一方で、消費する時間とは、その真逆で「将来の自分に残らない時間」。こういった区別をしているわけです。

子どもは集中力や脳がこれから発達するので、今はまだ感情的に動いてしまうことが多いです。小学生の低学年であればなおさらですが、これは仕方のないことです。いきなり理解しろと言っても無理でしょう。ただし、こういった時間の種類を理解させることは、野球の練習をするにあたって、とても重要な意味を持つのでは？　と思うのです。

たとえば中学生くらいになると自分専用のスマホを所持するのも今では当たり前になりました。スマホは勉強から娯楽まで幅広く活用することができます。野球の動画を見ることもあればゲームでリラックスすることにも使えます。それゆえに使い方を上手く考えなければなりません。

「野球の上達」というフィルターをかけた際に、スマホから野球の情報を得ることは有益でしょう。それは投資する時間であり、なんら間違ってません。一方、ゲームをするのはどうでしょうか？　誤解がないように言っとき

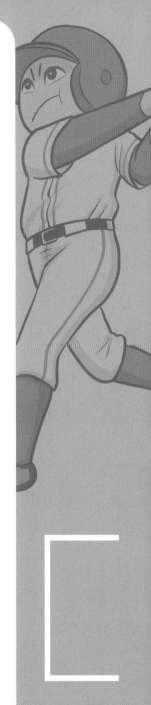

ますが、ゲームが全て悪いと言いたいわけではありません。

　けれども「野球の上達」を念頭に置いたとき、それはまぎれもなく、消費する時間に該当します。

　他にも身近なモノとして、お菓子やジュースの類いはどうでしょう？　身体作りも野球上達には必要です。育ち盛りなので、学校から帰宅すればお腹も空くことでしょう。

　けれど、そこで何も考えず、お菓子をムシャムシャと口にするようならちょっと心配です。身体作りに関して言えば、お菓子やジュースは決して効率的ではありません。なので消費する時間ということになります。おにぎりを食べたり、タンパク質を補給するのは身体作りには好影響です。なので投資する時間となります。

　素振り一つでもそうです。野球の練習中は、一見投資する時間に思えますが、誰かに指示されて嫌々やっているのなら、成果が出なくて当たり前です。大人の皆さんなら、どういうことかすぐにわかりますよね。

　意識的に、主体的に、目的を持てば投資になりますし、でなければすべて消費。「何をするか」より「どうやってやるか」を理解してやるべきだと私は考えます。これまでの指導経験からいっても、伸びる選手の共通点は「積極性」です。どうやったら自分はいまより野球が上手くなれるのか。それを絶えず自問できる選手こそ、目覚ましい成長を遂げるのです。

　当たり前ですが、時間は有限です。なのでやりたいことをやるには、まずはやるべきでないことを決めること。現状を省みて、消費してしまっている時間を見定めるべきです。上達の１歩目はそこからなのですから。

少年野球がメキメキ上達する 60 の科学的メソッド

第 5 章

守備解説

守備範囲を広げる1歩目・バウンドの合わせ方

捕球姿勢・捕球後のステップ

最初の一歩を迅速に動く

守備範囲を広げる一歩目

守備について説明します。

ここでまず紹介したいのが、スプリットステップという技術です。バッターがボールを打つ寸前のタイミングで、守備側は軽くジャンプをするというものです。このトレーニングは、テニスのサーブを受ける時やバレーでレシーブをする時などにも広く使われています。いわば、ボールに対する反応を鍛えるためのものです。

言うまでもなく、バッターが打った打球はどこに飛んでくるかわかりません。そのため瞬時に多方向へ動けるよう、準備する必要があります。筋肉は一度伸びてからちぢむことで大きな力を発揮しますが、軽いジャンプと着地は、身体の反応を速めることに一役買ってくれます。そうやって練習を重ね

スプリットステップのやり方は
シンプル。ボールとバットが当たる
直前のタイミングで…

軽くジャンプし着地する。
スタートが
速くなりやすい

ていくと、やがてタイミングやリズムが
合ってくるのです。割と簡単にできるト
レーニングなので、ぜひ取り組んでく
ださい。

　最初の一歩が速くなることで守備範
囲は格段に広がります。いままで届か
なったボールを簡単に処理できるよう

に。派手なプレーでのファインプレー
も守備の醍醐味ですが、それはアナタ
だけの目立たないファインプレーだと
言えます。

足が内股になり過ぎると
俊敏に動けなくなるので
NG

頭が前に出過ぎると
バランスを崩す。
よってこれもNG

バウンドの合わせ方

しやすい位置へ動く バウンドに合わせて捕球

バッターの打球はゴロならバウンドしながら向かってきますが、実はバウンドには取りやすい位置というのがあります。

その位置は大きくわけると二つあって、一つ目が「ショートバウンド」、ボールが地面にバウンドした直後です。二つ目が「ボールの上がりきったところ」です。バウンドしたボールの頂点あたりです。守備ではボールとの距離を上手く詰めていくことが大切になります。守備がなかなか上達しない選手は、ボールとの距離感を上手く合わせることができません。動画内で紹介したドリルでは、ボールの投げ手がバウンド数を「2バウンドの落ち際」や「3バウンドのショートバウンド」などと指定をしていま

捕球しやすい位置

ボールの上がりきった所

捕球しやすい位置

ショートバウンド

す。そこで、自分とボールとの距離を上手く合わせ、取りやすい位置で捕球していく練習ドリルです。

　トレーニングでは、ボールとの距離を合わせる時に顔の位置がブレないようにすることを紹介しています。コツを踏まえてしっかりと練習しましょう。

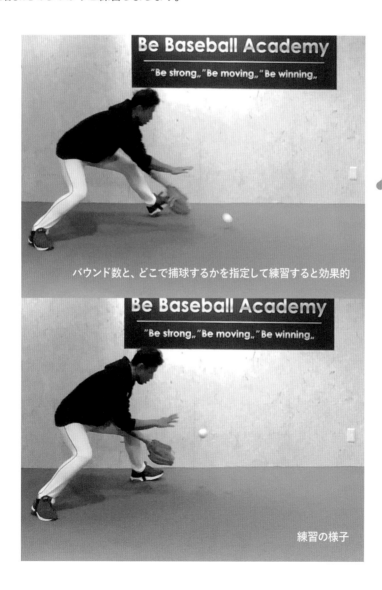

Be Baseball Academy
"Be strong,, "Be moving,, "Be winning,,

バウンド数と、どこで捕球するかを指定して練習すると効果的

Be Baseball Academy
"Be strong,, "Be moving,, "Be winning,,

練習の様子

ドリル（バウンドマッチ）の練習風景

捕球姿勢

捕球する際はすぐにボールの正面に入らない

捕 球姿勢を気にする人は大勢います。それだけ注目度が高いのでしょう。

ここで重要になるのが、下半身の関節の位置です。

理想的な捕球姿勢は、足首−ヒザ−股関節を直列にさせて作ります。3章「バッティング」でも足首−ヒザ−股関節の直列の重要性をお話ししましたが、これは守備でも同様に大事なのです。

すぐに正面に入らず、

捕球時に正面になるように

ベストな捕球姿勢は、
足首−ヒザ−股関節が
直列になっていることが望ましい

YouTube
チャンネル動画で
さらにくわしく

捕球後はステップをして送球しなければなりません。動作の移行をスムーズにするのが大切です。

ちなみに、「ボールの正面に入って捕る」ことに対して絶対視する風潮（小学生〜中学生くらいでは特にその傾向が強い）があります。これについては、決して間違いだとは言いませんが、すぐに正面に入ってしまうと、いろいろな不都合が起きるため、正直、オススメできません。目の使い方が難し

く、さらにはボールが届くまでに身体がこわばってしまうことがあるからです。当然、エラーの原因にもなりかねません。

正面に入るのはあくまで一つの手段として考え、他の手段でも対応できるように準備しておくこと。そうすれば、守備の上達は早まります。

すぐに正面に入ると
ボールとの距離感が
つかみにくい

すぐに正面に入ると
身体がこわばる

やや横から見ると
距離感がつかみやすい

捕球後のステップ

ステップを踏んで強く送球

守備の最後の課題は「捕球後のステップ」です。送球の動作は4章でも解説したので割愛します。

ここで軽視されがちなのは「方向性」です。

捕球後のステップで、足の内側を投げたい方向に向けると方向性が安定しやすくなります。私の経験上も、「スローイング」が上手くいかないケースで

捕球後は
投げたい方向に
足の内側を向ける

は、正確なステップを踏むと、改善されることが珍しくありません。人間を大きな物体として考えると投げたい方向に移動していくことは大前提として大切です。細かなテクニック論よりそもそも力が向かっていく方向を整えましょう。その為には足の内側を投げたい方向へ向けることが必須です。ゴロやフライの捕球はいつも万全な姿勢で捕

れるわけではありませんが、とにかく、どんな姿勢からでも足の内側を投げたい方向へ向けられるように、練習しておきましょう。

姿勢が作りやすく
方向性も合う

投げたい方向と
足の向きがズレている。
悪送球の多くの原因に

事実と感覚

状況の指摘と因果関係

「**は**じめに」でも書きましたが、野球指導の現場では感覚的な指導や場当たり的な指導が散見されます。というのは「（バッティングは）上から叩け」「（バッティングは）軸足で回転しろ」「肩を開くな」などのことです。言葉だけを解釈して状況を指摘しても改善をする事は中々難しいです。

一例として上から叩くを挙げると、実際のスイング軌道は有効なスイングをするのなら、マイナスにはなり得ません。バットの力を効率的にボールへ伝えようとするとボールの中心を捉える必要があります。打球角度は15°〜30°程度で長打になります。（打球速度とも関連しますが）

この場合スイングの角度は10°〜20°前後をおおよその目安にすると良いでしょう。

こういった「事実」がありますが、本当に上から叩いてスイングをマイナスにしてしまうと、ボールの中心付近に力を与えることができなくなります。つまりボールは飛ばず、打球速度も出なくなります。事実上の「上から叩け」は成立がしなくなるという事です。

このように「事実」と「感覚」は良くずれます。理想に近づくための手段として感覚的に

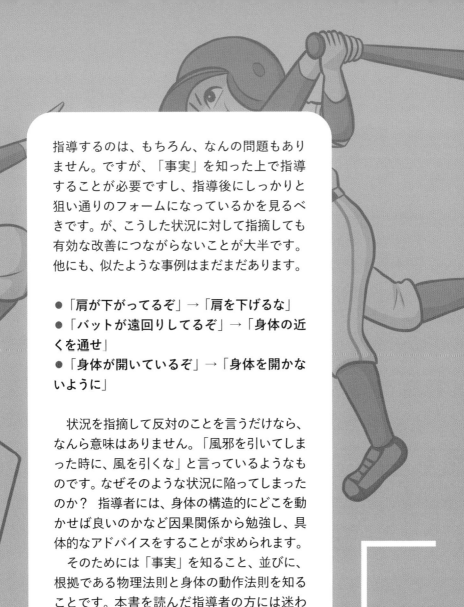

指導するのは、もちろん、なんの問題もありません。ですが、「事実」を知った上で指導することが必要ですし、指導後にしっかりと狙い通りのフォームになっているかを見るべきです。が、こうした状況に対して指摘しても有効な改善につながらないことが大半です。他にも、似たような事例はまだまだあります。

- ●「肩が下がってるぞ」→「肩を下げるな」
- ●「バットが遠回りしてるぞ」→「身体の近くを通せ」
- ●「身体が開いているぞ」→「身体を開かないように」

　状況を指摘して反対のことを言うだけなら、なんら意味はありません。「風邪を引いてしまった時に、風を引くな」と言っているようなものです。なぜそのような状況に陥ってしまったのか？　指導者には、身体の構造的にどこを動かせば良いのかなど因果関係から勉強し、具体的なアドバイスをすることが求められます。
　そのためには「事実」を知ること、並びに、根拠である物理法則と身体の動作法則を知ることです。本書を読んだ指導者の方には迷わず指導できること、選手には自信を持って練習を行える様になることを心から望んでおります。その副次的な効果としてより良い信頼関係を構築し、野球が上達していく喜びを噛みしめてほしいと願わずにはいられません。

少年野球がメキメキ上達する 60 の科学的メソッド

ありがちな失敗
12種に対処する
実指導集

軸足を地面につけたままスイングしてしまう

症状

1 軸足に体重が残ったまま
回転している

2 タメ動作から…

　こちらは野球を始めたばかりの子どもによく見られる症状です。そして、「軸足で回転せよ」と間違った指導を受けてしまった選手に見られます。
　症状としては、回転の際に軸足（後ろ足）が地面に体重を残したまま、回転をしてしまっているパターンが大半です。力の移動が適切ではないことに加え、回転を加速させる運動連鎖が使えていません。当然、物理法則や身体の動作法則から外れてしまうので、合理的なスイングにはなりません。信じがたいことです

YouTube
チャンネル動画で
さらにくわしく

3 ステップにかけての
並進運動が小さすぎる

4 軸足回転は「バットが下がる」と
「ドアスイング」の原因に

5 ステップで適切に
並進運動を入れて

6 インパクトの瞬間は
体重を前に

が、一部の間ではいまだに正解とされている迷信のうちの一つでもあります。疑心をお持ちの方は動画を撮影したり他のYouTube動画などで、ボールとバットが当たるところを見てみてください。ホームランやヒットになっているのであれば、後ろ足は地面から離れている、あるいはほんのわずかに触れている程度です。体重は前足に必ず100%移動します。軸足で踏ん張れると思いがちですが決してそうではありません。勘違いされてる方がいれば、アップデートしていきましょう。

バットが極端に下がってしまう

症状

1 低学年でよく見られる、低い構え

2 これをやると
バットの位置が下がりやすい

バットとボールが芯にしっかり当たらない、あるいはスイングスピードが速くならない選手にありがちな症状です。

振り始めの際、強くスイングしようと思うあまり、バットが無意識にキャッチャー方向に倒れてしまうのです。すると回転の半径が大きくなってしまうため、物理的にスイングスピードが遅くなってしまいます。

高速でスピンをしたいフィギュアスケーターが、スピン時に腕を体に近づけ

3 まずはスイングスタートの
位置を決める

4 スイングプレーンを
作りやすいように

5 スイングプレーンの
軌道からハズレている

るのはスピンスピードを高めたいからです。また、回転軸からバットが大きく離れてスイングすることになるので、ボールをバットの芯に当てることも困難になります。

　さらに、回転軸から早いタイミングでバットが離れていくと身体への負担が大きくなり、腰などを痛めてしまう原因にもなります。バットは身体の近く（後肩の辺り）から出すことで回転の半径を小さくしてスピードを出し、インパクトの局面に向けて回転半径を大きくしてパワーを上げる。それが物理法則の観点から、もっとも合理的な動きなのです。

「グリップから出す」が悪影響をおよぼす

症状

1 グリップから出せば
先に手が動く

「**バ**ットを身体の近くから出す」「グリップから出す」

これらのフレーズ、日本の野球界ではバッティングの基本中の基本と言っても過言でないほど、よく知られています。

その手法の一つとして、後ろ腕のヒジ（右バッターは右、左バッターは左）をへそに向かって入れ込むようにすると、バットが身体の近くから出るという指導をときどき目にします。

しかし、ここは指導する側に明確な理解が必要です。なぜなら多くの選手が、この指導によりバットがボールに当たらなくなるといったケースが見受けられるからです。

「慣性の法則」という物理法則が働くため、ここだ！　と思ってバット

YouTube
チャンネル動画で
さらにくわしく

2 バットも
過度に下がる

3 ワキが空きすぎる
原因にも

4 「グリップから出す」のではなく、
回転とともに「グリップが出てくる」が正解

を出しても少し下から入ってしまうという場合がほとんどです。

「内からバットを出す」「グリップから出す」こと自体は間違っていません。それをできるようにするには身体の動作法則とその構造の理解が不可欠なのです。表面的な言葉のみ解釈し身体の構造を無視した指導をすると、エラー動作になってしまうので、くれぐれも要注意です。

ヒザが内側に入ることが肩の下がりの原因に

症状

1 ヒザが内側に

2 前股関節の閉じる動き
（体重移動が不足）

こちらはまだ筋力の弱い小中学生によく見られる症状です。ヒザが内側に入ってしまうことはニーインと呼ばれます。ニーインになってしまうと、回転を行う際にもっとも重要な「ステップ（割れ）動作」にエラー動作が出ます。

原因はニーインすると軸足のヒザが内側に向き、大切な足首−ヒザ−股関節の直列関係が崩れてしまうからです。

3 体重移動が不十分なので
肩の下がる原因に

4 アッパースイングに
なりやすい

5 前股関節の
閉じる動きから…

6 そのまま
一気に回転へ

　するとステップの途中で身体がピッチャー方向に向き、タイミング的に速く回転を起こしてしまいます。

　バットも前に出るので加速距離を稼げません。結果的にスイングスピードやミート率がともに著しく低下してしまいます。無意識にニーインになっている場合も多いので、一度自分のフォームを確認してみましょう。

ありがちな失敗12種に対処する実指導集……5

ボールの軌道にバットを入れようとするときのありがちな失敗

症状

1 ボールの軌道にバットを入れようとすると手から動く

2 割れも浅くなり
スイングが力強くならない

　　ボールの軌道にバットを入れる方が打てる確率が高いと思われがちです。たしかにピッチャーが投げたボールの軌道とバットスイングの軌道が長く合っていた方が接点が多くなります。しかし意味を履き違えて理解をし、自ら手打ちを誘発しているケースも少なくありません。

　ボールの軌道にバットを入れることは大切ですが、バットを最大限に加速させる物理法則・身体の動作法則の条件を満たしながらボールの軌

YouTube
チャンネル動画で
さらにくわしく

3 腕だけで
打つような形に

4 骨盤から回転をして

5 手は後から動くように

道にバットを入れることの方がより大切です。

　今回の動画のように、バットの軌道を手で作りにいくケースを指導現場ではよく見かけますが、これらの指導によって、スイングスピード、精度ともに著しく低下させてしまっている場合が大半です。

　どのようにすれば、法則に沿ったスイングで、かつ、ボールの軌道に長くバットを入れるスイングができるのか、重要なポイントを押さえて練習しましょう。

身体全体が一緒に動いてしまう

症状

1 身体全体が
一緒に動いてしまう

2 そのまま前向きに

特に小学校低学年によく見られるエラー動作で、ボールを遠くに飛ばそうとするあまり、身体全体で大きくひねりすぎてしまい、バットが加速しない現象です。

通常、キャッチャー方向に身体をひねる際は、股関節・お腹回り・胸回りと上胴に向かうに連れて回転していきます。骨盤と胸回りの差異は30°〜35°と言われていますが、スイングはこの差異ができるからこそ、最大

YouTube
チャンネル動画で
さらにくわしく

3　バットが
　　外にいくケースも

4　タメ動作では
　　上半身の形を適切に

5　前方からのフォームも
　　確認しよう

限にバットを加速させることができます。

　しかし、お腹回りや胸回りの動きが苦手な選手は骨盤・お腹回り・胸回りが一枚の板
のように一気にひねられて一気にひねり戻してしまいます。それによって、バットの加
速が上手くいかず、芯に当てることが難しくなります。

　胸回りの動きは疎かにされがちですが、非常に重要な動きなので必ずマスターして
ください。

不十分な体重移動が手打ちの原因に

症状 ✕

1 前股関節の閉じる動きが十分ではない

2 動作の順序が崩れて手が（グリップ）先に出てしまう

こちらは、体重移動の際にエラー動作が出てしまうパターンです。体重移動で必要なのはステップする足側（前足）の股間節を閉じる（内旋）動きです。体重移動をすることで力の移動がしやすくなることに加えて、運動連鎖がしやすい状態となります。本来であれば体重移動を行い骨盤から回転が始まり、骨盤 → 体幹（お腹）→ 胸 → 腕 → バット、といった具合に動作が行われていきます。今回の場合は、体重移動が適

YouTube
チャンネル動画で
さらにくわしく

3 結果、窮屈なスイングに

◎ 4 正解は、股関節へ体重を
十分に移動させてから…

5 スイングする

切に行えてないので、骨盤から回転するのは困難。体重移動ができないままスイング
をしているので身体全体が回転をしてしまっています。これではいけません。

　少し余談になりますが、野球指導の常套句として「（体重を）軸足に残してスイング
せよ」というのがあります。ですが、これは明らかな間違いです。やはり、この選手に
対しても物理法則に沿った、合理的な指導がベストです。同様のパターンに苦しんで
いる選手、改善法で悩んでいる指導者の方は、ぜひ動画をご覧になってください。

ま

第6章

ありがちな失敗12種に対処する実指導集 ……8

ステップが小さいため、スイングが弱くなってしまう

症状

1 タメの時点で
ヒザが不安定に

2 結果、ステップ（並進運動）が
小さくなる

ステップ動作が上手くいってないケースです。個人差のある部分ですが、ステップ動作の際、身体全体はピッチャー方向に進んでいく必要があります。このケースはそこが適切に行われず、結果として運動連鎖も使えず、スイング軌道にまで悪影響が出ています。

動画を見てもらうとわかりますがステップの際に、ピッチャー方向へ

3 そのままスイングすると
　小さいスイングになりがち

4 原因である
　タメを修正し

5 ステップを適切に
　行うことが大切

身体を進めることによりその次の動作もよりスムーズにできスイングも強くなります。
ステップが適切にできない原因は、やはり構えやタメの際にヒザ関節を使ってしまうこ
とにあります。その結果不安定になりステップができなくなる→その後の動作も次々に
エラー動作になってしまう、という流れです。こちらの場合も最終的なエラー動作に対
処療法をするのではなく、根本原因から修正していきましょう。

うしろヒジを
早く使うと
バットが下がる原因に

症状

1 うしろヒジ（右バッターは右、左バッターは左）を
早く使うとバットが倒れる

2 胸の回転の不足が原因

　ス　イング開始辺りから、バットがキャッチャー方向へ倒れすぎてしまうケースです。振り遅れや、バットの根本にあたり詰まってしまう傾向があります。これはバットが倒れてしまうことにより、バットが横回転する要素が強くなりすぎることで起こります。場合によってはそのままバットが過度に下がりすぎてしまいアッパースイングとなることも。

　原因はスイングをする際、つまり回転の際に腕が主動となって、うしろ

3 スイングがドアスイング
（外回り）になる

4 ここでの胸の
回転不足が原因に

5 ここから…

6 回転を十分にして
スイング

ヒジ（右バッターは右ヒジ、左バッターは左ヒジ）がわき腹やお腹辺りにくることによって起こります。本来、回転で重要なポイントは、中心である「胸」のひねり戻しから腕の順番でスイングをしていくことです。このケースはその順番が適切になっていないのです。胸のひねり戻しが上手くできないケースも少なくありません。動作の順番はスイング軌道を適切にし、パワーが伝わりやすく、ミート力の向上にも期待できます。同じ症状で悩んでいる人はたくさん練習して克服していきましょう。

タメ動作で
ヒザが不安定になり
うしろ重心になってしまう

症状

1 タメ動作でヒザが
　ガニ股に割れている

2 ステップしても
　後ろ重心で窮屈に

タメ動作が上手くいかないケースです。

　この場合の最終的なエラー動作はいわゆる「（バットを）こねる」というものです。運動連鎖を使わずに腕の力だけに頼ると、グリップが先行して出過ぎてしまいます。そうなるとグリップは早く減速するため、バットのヘッドも同様に早いタイミングでボールに当たります。このときに、「こねる」というエラー動作が出やすいのです。

　表面的に「こねちゃダメだよ」と注意して、ホントに修正できたらこん

YouTube
チャンネル動画で
さらにくわしく

3 手首をこねる
原因に

4 足首-ヒザ-股関節の位置を
直列にして

5 ステップ
できるように

なラクなことはありません。まずは「こねる」原因を特定し、そして練習する必要があります。

　今回のケースで言うと「タメ」の部分に原因があります。「タメ」を作った際には股関節を使いたいところですが、この選手はヒザを使っているので、その結果、不安定になってしまいます。不安定なままステップをしているので重心が後ろに残ったままとなり、スイングしても、回転が適切にできず腕に頼ってしまう、ということになります。根本は「タメ」になりますのでこのケースを動画でどうぞ。

構えの時点でヒザが出てしまいダウンスイングになる

症状

1　構えでヒザが出てしまうのは小学生に多い

2　前向きから

構えでエラー動作が出てしまっているケースです。結果として出ている症状は「ダウンスイング」。スイングプレーンを作れず、ボールの軌道よりスイング角度が下になる事を意味します。

　ダウンスイングのやっかいなところは、ボールの軌道角度と合わないため、ミート率が著しく低下すること。ボールの下を振ってしまっていますが「もっと上にスイングしよう」と言ってもフォーム修正はなかなか難しいわけです。

　ダウンスイングになっている原因から修正をしていないからです。

3 そのままステップすると
割れが不十分に

4 結果、ダウンスイングになる

◎

5 ヒザを出さずに構え

6 ステップまでを正確に

　こういったケースでは、ステップした際の姿勢が上手くできていません。ステップで着地したとき、上半身に三つのポイントがありましたね。**1 胸をキャッチャー方向にひねる、2 前肩がアゴにくる、3 肩甲骨が背骨から離れる**、です。

　この状態を「割れ」と言ったりします。さらに、「割れ」ができない原因もあります。構えでヒザが極端につま先を越えて構えてしまっていることです。こうした不安定な状態では、次の動作につなげることができなくなります。原因の原因を辿っていくと、すでに最初の構えからエラー動作が出ていたというわけです。

　構えでヒザが出るのは、特に小学生に多いので頑張って克服しましょう。

打ってもぼてぼてのゴロばかりに

症状

1 前股関節の閉じる動きが不足している

　　ドアスイングと呼ばれる症状です。
　　この「ドアスイング」というフレーズは野球ではネガティブな表現とされており、一般的にはドアスイングは身体から早いタイミングでバットが離れてしまうことを意味します。
　　スイングのスタート時は速度を上げていきたいところですが、身体からバットが離れてしまうと速度を得にくくなります。慣性モーメントが大

YouTube
チャンネル動画で
さらにくわしく

2 回転が早くなってしまう
（肩の開き・身体の開き）

3 前股関節の閉じる動きが不足すると、
腰は外回りしやすく力も外方向へ

4 結果、ドアスイングで
ぼてぼてのゴロばかりに

きくなってしまうからです。動画に登場する選手の場合はさほどにドアスイングにはな
っていませんが、似たようなエラー動作でドアスイングになってしまうケースもありま
す。ドアスイングで悩んでいる方は、ぜひ動画を確認してみてください。

「●●だから」ではなく、「●●だけど」を口癖にしよう

選手が自らの成長を妨げてしまう言葉があります。私の指導経験上、彼らは「●●だから」という表現をよく使います。できない理由を自分で作り上げてしまう癖があります。

たとえば、「相手ピッチャーのボールが速かったから打てなかった」「今日はなんだか調子が悪かったからフォアボールばっかりだった」「グランドがボコボコしていたからエラーしてしまった」など。

全てに「●●だから」という理由をつける選手は、失敗してしまった自分を受け入れることができず、外部に原因を求めてしまう傾向があるのです。

ですがまずはそんな自分を受け入れなくてはいけません。失敗の原因を受け入れてまた練習していくのと失敗の原因を外部のせいにして修正しようとしない選手、どっちが上達が早いかは簡単です。修正しようとしない選手はプライドが高いのだと思いますが、これは私が譲れるプライドと言っています。失敗を

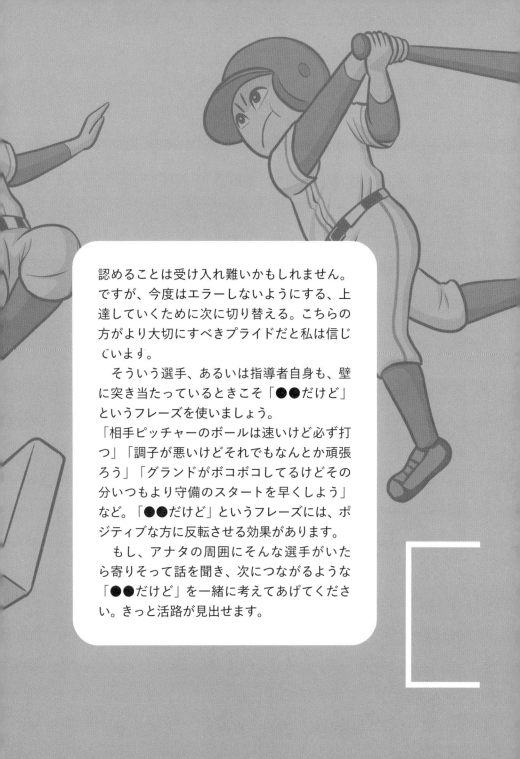

認めることは受け入れ難いかもしれません。ですが、今度はエラーしないようにする、上達していくために次に切り替える。こちらの方がより大切にすべきプライドだと私は信じています。

　そういう選手、あるいは指導者自身も、壁に突き当たっているときこそ「●●だけど」というフレーズを使いましょう。「相手ピッチャーのボールは速いけど必ず打つ」「調子が悪いけどそれでもなんとか頑張ろう」「グランドがボコボコしてるけどその分いつもより守備のスタートを早くしよう」など。「●●だけど」というフレーズには、ポジティブな方に反転させる効果があります。

　もし、アナタの周囲にそんな選手がいたら寄りそって話を聞き、次につながるような「●●だけど」を一緒に考えてあげてください。きっと活路が見出せます。

少年野球がメキメキ上達する 60 の科学的メソッド

練習前にサクッと見よう！

1分でわかるドリル練習集

バッティング編・ピッチング編

守備編

練習前にサクッと見よう！

1分でわかるドリル練習集 バッティング編

構え

ジャンプドリル

まずは軽く…

ジャンプする

着地したら足の関節を直列に

前から見るとこうなる

あとはそのままスイング

着地で頭が前にいくのはNG

7 膝が出すぎるのもダメ

8 内股になるのも…

9 ガニ股になるのも良くない

YouTube
チャンネル動画で
さらにくわしく

構えのドリル練習「ジャンプドリル」をご紹介します。やり方は極めて単純。バットを手に持ったまま軽くジャンプをして着地します。その後、着地姿勢からスイングをする。たったこれだけのことです。やり方自体は複雑ではありませんが、必ず押さえておきたいことがあります。

ジャンプ後の着地で、「股関節を曲げる」動きを適切に作ることです（詳しくは動画をご覧ください）。これは構えでやっておくべき動作です。

よくあるエラー動作としては着地時に、足首―ヒザ―股関節の三つが直列にならずに着地してしまうこと。特にヒザが前に出てしまう、または内股になってしまうエラー動作は非常に多いです。

身体をスムーズに、力強く使うには、三つの関節が揃っていなければなりません。どの局面でも大切なポイントです。

また股関節を曲げることによって、力を出しやすくなります。ジャンプ後の着地でヒザばかり使わず、股関節でジャンプを受け止められるよう留意しましょう。

簡単にできるだけにポイントを忘れてしまいがちです。シンプルなドリルですが、練習というのは、押さえるべきポイントをしっかり理解してから行うべきです。

練習前にサクッと見よう！

1分でわかるドリル練習集 バッティング編

構え

ケトルベルドリル

ケトルベルを使用
（ペットボトルやダンベルでも代用可）

右バッターは右手
（左バッターは左手）で持ち上げる

支えやすい姿勢を探す。自然と屈曲ができやすい

YouTube
チャンネル動画で
さらにくわしく

5

ヒザが出るなど姿勢が崩れると支えにくい

6

頭が前に出ても腕が落ちてしまう

構えのドリル練習「ケトルベルドリル」をご紹介します。

なお、このドリルではケトルベルという重りを使用します。ケトルベルをお持ちでない方は、ペットボトルやダンベルなどで代用しても十分な効果を期待できますのでご安心を。

さっそくやり方を説明します。右バッターなら右手に、左バッターなら左手にケトルベルを持ちます。次にケトルベルを持っている方の手を上にあげます。あとはバッティングの構えの姿勢を作れば完了です。

ケトルベルを手で支えながら腕が負けないところや、支えやすいポイントを探していきます。実際にやってみればすぐにわかりますが、エラー動作の代表格であるヒザが出過ぎた状態でケトルベルを持つと、非常に支えにくく腕もすぐに疲れてしまいます。その他、頭の位置や腕の位置が悪くても支えづらくなることに。

このドリルでは自分で身体や腕を動かしながら、自分なりに支えやすい位置を探していくのが目的です。そうやって腕が負けないところを探していくうちに、構えでもっとも重要な動作である「股関節の屈曲」が自然と身につくようになるのです。

練習前にサクッと見よう！ 1分でわかるドリル練習集 バッティング編

構え

チューブバンザイドリル

1 チューブを用意し、両足で踏む

2 上に持ち上げてチューブが長方形になるように

3 チューブの抵抗を感じにくいところを探すと、自然と股関節を曲げる動きが可能に

4 NG例。チューブの形が崩れると姿勢も崩れてしまう

YouTube
チャンネル動画で
さらにくわしく

NG例。前に崩れる

NG例。うしろに崩れる

　このドリルではチューブを使います。チューブを両足で踏み、手で伸ばします（詳しくは動画を参照）。すでに紹介したケトルベルと同じく、チューブの抵抗を感じにくいところを探していきます。つまり、支えやすい部分を見つけるのです。バッティングの構えの必須動作である「股関節の屈曲」がちゃんとできていないと、途端に支えづらくなりますのでご注意を。

　こういったトレーニング器具を利用することは目的を明確にし、適切に使えば効果も高くなります。これは声を大にして言いたいのですが、何の練習をするかというより、その練習に対して目的意識を持ってどうやるか、こそが最も大切なのです。どれだけ効果のある練習メニューでも目的を理解してやらない限り、その有効性はムダになってしまいます。私には多くの方が勘違いしているように思えてなりません。

　シンプルな素振りの練習でも同じことが言えます。目的意識もなく、ただ単にバットを振るのか、それとも目的をちゃんと理解しているのかとでは意味合いが全く変わってきます。

　このドリル練習も単にこなすだけでなく、最大限その有効性を活かすように使って頂ければ幸いに思います。

タメ

練習前にサクッと見よう！

1分でわかるドリル練習集 バッティング編

ゴルフドリル

バットを下げて
左右にブラブラと振る

右バッターは右方向に振った時に前足もあげる。このときにタメ動作に必要な股関節を「曲げる」ならびに「閉じる」を行う

股関節を「曲げる」動きと
「閉じる」動き

上手くできないとフォームは崩れる

ぶらぶらバットを振る時は
横振りになりすぎないこと

ゴルフドリルをご紹介します。やり方はまずバットを握り、ベース辺りに下げます。地面に一本線があるようにイメージし、そこをなぞる要領でバットを動かします。コツはできるだけ直線的に動かすこと。そうすることによって、タメの動きを、つまり、タメに必須の「屈曲」と「内旋」、この二動作を作りやすくなるのです。

ありがちなエラー動作としてはバットを動かすときに横振りになりすぎてしまうことや、ヒザが動きすぎてしまうこと。これをやってしまっては、タメが作りづらくなります。さらに力を入れる方向も、上手くタメを作るには重要なことです。動画をしっかりと見て練習に取り組みましょう。

タメ

練習前にサクッと見よう！

1分でわかるドリル練習集　バッティング編

シングルレッグドリル

タメ動作で必要な股関節を曲げると閉じるを先に行う

前足をあげて

3

必要動作を維持しながらステップ

4

前からもフォームを確認

YouTube
チャンネル動画で
さらにくわしく

ングルレッグドリルをご
紹介します。

以前にも説明したように、タ
メで必須の動作は

1「股関節を曲げる」(＝屈曲)

2「股関節を閉じる」(＝内旋)

の二点です。

このドリルではそれらの動作
を先に行います。**1**と**2**を行っ
た上でステップをし、足を上げ
て片足立ちの状態になります。
あとは**1**と**2**の動作をキープ
しながらステップを繰り返すので
す。

ステップの途中で動作ができ
なくなり、フォームが崩れてし
まうケースが見受けられます。
よくあるエラー動作として、い
わゆる「身体の開き」が起こり
ます。

こうなってしまうとステップ
時に身体がピッチャーの真正面
に向きがちになるので、強いス
イングができなくなります。軸
足一本で自分の身体をコントロ
ールできるよう、正確に動作を
行いましょう。

タメ

練習前にサクッと見よう！ 1分でわかるドリル練習集 バッティング編

インソールツイストドリル

このドリルは内股になる人に
特に効果が

ヒザが内向きになる人は、
関節を直列にするのが難しい

つま先の向きは変えずに

外に少しひねると…

5

ヒザが内向きでも…

6

足首−ヒザ−股関節の位置が直列に

YouTube
チャンネル動画で
さらにくわしく

インソールツイストドリル
をご紹介します。

すでに何度もお伝えしてい
ますが、タメ動作では、股関
節を曲げる動きと閉じる動き
が必須です。ただ、このドリル
には少しコツが要ります。そ
れは、タメ動作を作るにはお
尻の外側の筋肉を多く使うこ
と。ヒザが内側に入ってしまう
人はこの部分を使えてないケ
ースが非常に多いのです。そ
うならないよう、お尻の外側
の筋肉を目一杯使うのです。

より具体的に説明しましょ
う。まずは足を地面に接地さ
せます。つま先の向きは変わ
らないようにしながら足を外
側にねじるように力をかけて
いきます。そうするとお尻の
外側の筋肉を使いやすくなり
ます。そこにテンションをかけ
ながら行うと良いでしょう。

身体がステップで前に出が
ちな方、あるいは、ボールの緩
急に弱い方。そういう方たちに
とっては、フォームを崩さずに
ステップできるようになるた
め、オススメのドリルです。

さらにこのドリルは、ヒザが
内側に入るため、足首−ヒザ−
股関節が直列にならない方に
非常に有効な練習法です。

ステップ

練習前にサクッと見よう！ 1分でわかるドリル練習集 バッティング編

タップドリル

まずは股関節を曲げる動き、
閉じる動きを行なう

必要動作を維持しながら
前足を地面に何度かタップ

この練習はまっすぐステップ
することも重要

まっすぐステップできるように
繰り返す

インステップはNG

タップドリルをご紹介します。「構え」と「タメ」では股関節を
1 曲げる動き（屈曲）
2 閉じる動き（内旋）
が必要であることはすでに説明しました。実際のバッティングではステップをするとき、この状態をキープしながら踏み込みます。そうすることでバランスを崩しにくい状態でフォーム作りができます。

　タップドリルは上記1と2の動作をあらかじめ行い、前足をタップしていく練習です。これらの動作が途中で崩れないよう注意します。ステップの最中にこの動作ができなくなると、エラー動作につながりやすくなります。具体的には「身体の開き」や「突っ込み」などです。スイングをするまでに適切なフォームを作っておくのは、バッティングではとても重要です。動画をお手本にしっかり練習してください。

練習前にサクッと見よう！

1分でわかるドリル練習集 バッティング編

スローキープドリル

1　股関節を曲げる動き、閉じる動きを作ってからスタート

2　できるだけゆっくりステップをする。このとき、姿勢を崩れさせないことが、この練習のポイント

3　ゆっくり、ゆっくり

4　崩れないように体をコントロール

5

着地も崩れない

6

構え、タメ、で
必要な動作を維持しながら行う

スローキープドリルをご紹介します。

ステップで必要な動作の説明は割愛しますが（詳しくは動画で）、このドリルでは自分の体重を支えてステップできるようになることが狙いです。

やり方は、必要動作を作って前足を上げたところからスタートします。後はそのままゆっくりとステップを繰り返すだけですが、これ、簡単そうに見えて実は結構、難しいです。

ステップをしていく時は軸足一本（右バッターなら右足）で身体を支えることになるので、上手くバランスを取りつつ、崩れないようにステップしていく必要があります。ゆっくりステップできないということは、身体のバランスが崩れ、コントロールしきれていないからです。もちろんフォーム的にも良くありませんし、バッティングの結果も出にくい状況になります。必要動作を行った上でゆっくりとステップするだけの単純な練習ですが、崩れにくいフォームを作る上での身体機能の向上をも意図した重要なドリルなのです。

練習前にサクッと見よう！

1分でわかるドリル練習集 バッティング編

5 ポイントタッチドリル

ボールを五つ並べる
（何個でもOK）

股関節を曲げる動き、
閉じる動きを作る

順番にステップをしていく

崩れないように

一つずつ

そして着地へ

途中でフォームが崩れたら、
自分の苦手なところがわかる

YouTube
チャンネル動画で
さらにくわしく

5 ポイントタッチドリルを
ご紹介します。

　五つのボールを目印になる
ように置きます（目印の数は
5でなくても良い）。やり方の
詳細は動画を参照してほしい
のですが、構えとタメの必要
動作を踏まえた上で、並べて
あるボールの位置まで前足を
出し、ステップをしていく練習
です。実にシンプルですが、
このドリルではステップのど
の部分でフォームが崩れてし
まいやすいかの確認ができま
す。「スローキープドリル」で
は身体をコントロールする重
要性をお伝えしましたが、こ
のドリルではステップのどの
部分でフォームが崩れてしま
いやすいかを確認できる仕組
みとなってます。

　たとえば、四つ目のボール
で崩れてしまう場合、そこで
身体をコントロールすること
ができなくなっていることを
示しています。さらにステップ
動作では、股関節−ヒザ−足首
が直列になっていることもと
ても重要です。こちらもしっか
りとできているか、必ずチェッ
クしてください。

体重移動

練習前にサクッと見よう！

1分でわかるドリル練習集　バッティング編

クラドルスイングドリル

ステップ幅程度に足を広げ、
前足は約45°ほど前向きに

胸はひねり、
前肩をアゴの下に来るように

かかとをあげて足踏み

前足を踏み込むときは、胸のひねりと
前肩がアゴの下で動くのをキープ

踏み込みでできないと
「身体の開き」「肩の開き」につながる

クラドルスイングドリルを紹介します。体重移動を身につけるための練習です。体重移動がちゃんとできるか否かでバッティングは大きく変わります。それだけ重要なことなので、改めて復習をしておきましょう。

体重移動のポイントは、

1 「力の移動は重い方に向かう」
2 「回転速度を上げる」
3 「運動連鎖を利用する」

の三点です。

クラドルスイングドリルはバッティングのステップ幅くらいに足を広げてからスタートします。それから、その場で足踏みを繰り返す。そうすることで体重移動の動作が自然と身につくのです。まだ体重移動の感覚をつかめていない人には、非常にオススメです。詳しくは動画で確認してほしいのですが、注意すべき点として、足踏みをしているときに前肩とアゴをしっかりと重ねること。ここは最後の回転に大きく関わってくるので、確実にマスターしてもらいたいところです。

エラー動作として代表的なのが「身体の開き」「肩の開き」がありますが、ちゃんと前肩とアゴを重ねることによって、そういったエラー動作は出にくくなります。これは体重移動の練習ですが、バッティングの動作はステップ、体重移動、回転と連続します。キャッチャー方向にひねった胸を、自分が回転する前にしっかりキープしておくこともお忘れなく。

体重移動

ショートTドリル

練習前にサクッと見よう！

1分でわかるドリル練習集　バッティング編

T字型の台を用意できない場合はペアで投げてもらう

体重移動に必要な前股関節を閉じる動きを身につける

必要動作が身につかないとかなり打ちにくくなる

センター方向へ打てるように練習

シ ョートTドリルをご紹介します。なお、このドリルではT字型の台を使用します。T字型の台を準備できない場合は、誰かとペアを組んでトスバッティングの要領で行ってください。

このドリルのポイントは「打球をセンター方向に飛ばす」ことです。体重移動ではステップさせる股関節を閉じる動き（内旋）が必要です。これにより前足に体重が乗り、力の移動がスムーズになります。

低めのボールをセンター方向に打つには、必要動作である股関節の内旋ができることに加えて、バットを早く出しすぎないようにします。バットが早く出ると上半身が過度に前にいき大きく姿勢を崩します。これではヒットを打てる確率は大幅にダウンします。運動連鎖の説明で、骨盤→体幹→胸→バットの順で動くと説明しましたが、バットが早いタイミングで出てしまうと運動連鎖も使えなくなります。その点も要注意です。

体重移動

練習前にサクッと見よう！

1分でわかるドリル練習集　バッティング編

傾斜台ドリル

1 傾斜台を用意し、
前足は45°ほど前向きに

2 軽く前足をあげて

3 踏み込んだら思いっきりスイング

4 軸足に体重が残ったままだと
体重移動はできない

5

軸足回転は絶対にNG

傾 斜台ドリルをご紹介します。

　傾斜台が必要になるこのドリルは、効果を体感しやすい練習法です。私も運営しているスクールでよく実践しています。

　やり方は単純です。傾斜台にステップさせる足を乗せてスイング。これだけです。一見、軸足側に体重が残りそうな練習ですが、軸足に体重が乗ったままスイングすると力は軸足側に移動するので、前足が浮いてしまったり体重が乗っている感覚が出ません。

　動画では言い忘れましたが、傾斜台にステップさせる足を乗せると足は斜めになり、地面から跳ね返す力によって回転もしやすくなります。つまり、フォームとして、良くなるのです。骨盤から回転を起こせば運動連鎖も使いやすくなります。このドリルは効果を体感しやすいので体重移動を苦手とする人には本当にオススメです。

練習前にサクッと見よう！

1分でわかるドリル練習集　バッティング編

回転

正面スイングドリル

1
肩幅より少し開き、浅いスクワットの
体勢からスタート

2
腰の向きは極力変えずに
上半身をひねる

3
ひねりきったらスイング

4
腰と上半身は一緒にひねらない

5

腰と胸の角度差を作ると、効果が出やすい

正面スイングドリルをご紹介します。

回転に必要な動きは「胸をキャッチャー方向へひねること」と、「スイング時にはひねり戻すこと」、これらが不可欠です。他にも大切なことはありますが、優先順位はこの二つが高いので、必ず習得してほしい動作です。

正面スイングでは、ピッチャーに対して足と腰を正対させます。できるだけ腰の向きは変えずに固定し、胸をひねります。良くあるエラー動作は腰ごとひねってしまうこと。これでは全体の向きが変わったことになるので、胸のひねりを十分に活かすことができません。強い回転にもなりにくく、スイング軌道も適正なものとは言えません。腰に対して胸のひねりを作り、ひねりをしっかりと戻してスイングしてください。

回転の部分はスイングそのものに直結する部分です。もちろん構え、タメ、ステップ、体重移動とそれまでの動作があったからこそですが、正確にスイングしていくためには非常に重要な要素です。確実にマスターしましょう。

練習前にサクッと見よう！
1分でわかるドリル練習集　バッティング編

回転

フラフープドリル

1　フラフープを用意

2　肩の高さで合わせて持ち、抱き抱えるようにする

3　回転においての重要事「スイングプレーン」は回転軸（背骨）と腕は90°になる

4　上半身をひねり

5　90°を維持しながらひねり戻す

6　90°がくずれない様に後ろ肩がアゴ下まで回転しきる

7

90°から上に外れた場合はNG

YouTube
チャンネル動画で
さらにくわしく

フラフープを使ったドリル練習を
ご紹介します。

3章のバッティング解説でも前述し
たとおり「スイングプレーン」をちゃ
んと理解していますか?

これは、回転する軸に対してバット
(腕)が、ある程度の速度以上で回転
をすると90°になるというものです。
これは物理法則ですので、やれば必
ず起きる現象です。よってバッティン
グでもそれに沿ってスイングをすれ
ば、合理的なスイングと言えるわけで
す。

やり方は、フラフープを抱き抱える
ような形で持ちます。肩の高さまでフ
ラフープをあげ、回転軸(背骨)に対
して90°の角度を先に作ります。あと
はバッティングの要領で回転するだ
け。忘れてはいけないのは、胸をひね
ることのみならず、「前肩がアゴの下
に来ること」と「ピッチャー側の肩甲
骨が背骨から離れること」。この二点
を必ず行ってください。

もう一つ。顔をピッチャー方向に向
けることも忘れないでください。ある
程度の速度以上で回転すると、フラフ
ープは下向きや上向きに動いたりしま
す。スイング軌道が適切なものからハ
ズれてしまったからです。

繰り返しますが、フラフープを使用
することで90°の角度を意識するので、
スイングプレーンをイメージしやすく
なります。回転の感覚を養うにも間違
いなく有効です。

90°から下に外れた場合はNG

回転

練習前にサクッと見よう！ **1分でわかるドリル練習集** バッティング編

足固定ドリル

1　足を固定して上半身をひねる

2　そこからスイング

3　前から

4　回転軸とバットは90°に

**上半身だけで
スイングプレーンが作れるように**

回転が不足し後ろ腕（ヒジ）ばかり動くと

バットが下がるエラー動作に

YouTube
チャンネル動画で
さらにくわしく

足 固定ドリルをご紹介します。

このドリルではバッティングのステップ幅ほどに足を開いた状態からスタートします。腰はある程度、固定をして上半身のみで（回転に）必要な動作、

1前肩がアゴにくる
2肩甲骨が背骨から離れる
3胸をひねる

を作ります。あとはそのままスイングをするだけです。だたし、回転軸（背骨）とバットが90°になっているか、必ずチェックしてください。

横から撮影したり、前から撮影したりすると、どこで90°からハズれてしまうのかよくわかります。スマホは今では誰もが持っている時代ですので、有効活用してください。

下半身をあえて固定しているのには理由があります。下半身が動けば、その動作によってスイングプレーンがちゃんと効いているのか判別がしにくいからです。上半身のみの動きでスイングプレーンが適切にできていれば、上半身の回転動作は問題ありません。事象をわけて上半身のみで動作がしっかりできているか、確認してみましょう。

131

練習前にサクッと見よう！ 1分でわかるドリル練習集 ピッチング編

並進運動

バックステップドリル

軸足（右投げは右足）を上げ
後ろに軽く飛ぶ

軸足が着地した時に股関節を曲げる動きと
閉じる動きができるように

できるだけ速度を出すよう
前に移動

軸足は十分に伸ばし切ること

YouTube
チャンネル動画で
さらにくわしく

5

移動の方向も大切。真っ直ぐに移動すべし

　ピッチング・バックステップドリルご紹介します。

　並進運動はピッチングの球速アップに対して非常に重要なものです。物理公式の一つである運動エネルギーは質量（重さ）×速度の2乗×1/2で表されます。質量を自分の体重として、速度は2乗で算出されます。つまり、並進運動の速度が速くなるほど、得られるエネルギーも大きくなるわけです。それだけ並進運動の速度は大切なものであることを覚えておいてください。

　並進運動の速度を上げるには股関節を曲げる動き（屈曲）と閉じる動き（内旋）が必須です。また移動の方向もバッターの方向性は真っ直ぐ移動していく必要があります。

　バックステップドリルでは軸足を地面につけて後ろ方向へ飛びます。片足で着地することになりますが、この時に必要動作をできるようにします。必要な動作を作りバッター方向へ移動していきます。

　実はもう一つ、速度の速くなるポイントが。タメの必要動作を作ることに加えて、足首−ヒザ−股関節の関節の位置関係を直列にします。理由は、地面からの跳ね返りの力を効率よく利用できるからです。ピッチャー方向へ移動する時、軸足は地面についていますが、足で地面を踏んでいる力と同時に、反作用の力も利用できるのです。その際、関節が直列になってないと力を逃してしまいます。その点も押さえつつ、練習していきましょう。

練習前にサクッと見よう！

1分でわかるドリル練習集 ピッチング編

並進運動

ウォールドリル

1 軸足（右投げは右足。左投げは左足）を壁にセット

2 軸足のかかかとから真っ直ぐの位置を狙って踏み込む

3 【踏み込み】ヒザとつま先は同じ向きになるように

4 ヒザが内向きになるのは、ありがちなエラー動作

軸足を伸ばし切ることもお忘れなく

ウォールドリルをご紹介します。

壁を利用して行うピッチングの並進運動のドリルです。やり方は壁に軸足（右投げなら右足、左投げなら左足）のサイド側をセットし、かかとからまっすぐの位置に踏み込みを繰り返します。このとき、左ヒザと左足のつま先がまっすぐになるように意識してください。

並進運動では移動速度も大切ですが、もう一つ重要な要素が。それは「移動の方向」です。ドリルでは、バッター方向にボールを投げるので、力の向ける方向に投げる必要があります。やや極端なたとえになりますが、どれだけ移動速度を速くしたとしても、あらぬ方向に移動して（投げて）しまっては元も子もありません。速度に加えて投げる方向の精度を上げることも球速アップやコントロールアップには不可欠なことです。

ドリルは10回1セットで行うと良いでしょう。その他のポイントとして、十分に移動するために軸足をしっかりと伸ばして着地すると、ドリルの効果はより上がります。さらに余裕があれば、グローブを使用して身体の開きも練習しましょう。「テイクバック」や「着地姿勢」の項目でも説明しましたが、上半身はバッター方向に向かず、ややキャッチャー方向にひねったままその動作ができれば、次の動きにもつながりやすくなります。あくまで主目的は移動の方向を正確にすることですが、慣れてきたらそちらにもチャレンジしてください。

テイクバック

練習前にサクッと見よう！

1分でわかるドリル練習集 ピッチング編

弓矢ドリル

1 まずはグローブを前に出す

2 腕はグローブの上側に

3 ここからテイクバック動作
（胸のひねり・肩甲骨が背骨に寄る）

4 肩甲骨が背骨に寄る（後ろ向き）

5

前肩−後ろ肩−投げる側のヒジも
直線上にあるとなお良い

6

実際に投げる

テ　イクバックの弓矢ドリルを
　　ご紹介します。

　ここで、テイクバックで必要な
動きを軽く復習します。速いボー
ルを投げるには、腕を強く振る必
要があります。人間の末端部で
ある手首やヒジだけ動かしても
速いボールは投げられません。
ボールへ伝わる力も弱くなりま
す。

　手は身体の末端部になります
が、末端部を強く速く動かすに
はその根本である部分を動かさ
なければいけません。動かす身
体の部位は、末端から身体の中
心へ移動するにつれ次のように
変化します。手（末端）→ヒジ→
肩、さらに肩は肩甲骨や胸と連動
します。つまり、より身体の中心
に近い肩甲骨や胸を大きく動か
すことにより、強く手が振れるよ
うになるわけです。

　要するに、より強く、より大き
な力を得るためには「中心部の動
き→末端部の動き」が原則なの
です。

　テイクバックの弓矢ドリルでは
腕を強く振っていくためには、胸
をひねること、投げる側の肩甲骨
を背骨側にしっかり動かすことが
必須です。手先だけを一生懸命
速く振るのではなく、中心から動
かす身体の使い方をしっかり覚
えていきましょう。

練習前にサクッと見よう！

1分でわかるドリル練習集 ピッチング編

テイクバック

腕振りドリル

1 テイクバック動作をしながら腕（手）を小刻みにふる

2 腕（手）を小刻みにふる

3 どの位置にボールがあるかを感じやすい

4 前肩−後ろ肩−ヒジが直線上になる所まで上げる

ヒジが下がって投げる選手は多い

テイクバックの腕振りドリルをご紹介します。やり方はボールを手で持ち、小刻みに揺らしながら、テイクバック動作を行います。テイクバックは腕を振る前段階の動作ですが、腕を振る直前に肩−肩−ヒジのラインをある程度揃うようにします（詳細は動画で）。

ラインを揃えてから実際に腕を振ることで、肩とヒジへの負担を軽減する効果もあります。よくあるのがヒジが上がりきる前に腕を振ってしまうケース。これはケガの観点からもリスクが高まるので、回避すべきです。

このドリルの目的は小刻みに腕を振りながら上にあげ、手の位置やヒジの位置を正確に覚えることにあります。ボールを実際に投げたりすると、手やヒジの位置は意外とわからないものですが、このドリルで、そういった感覚を養いましょう。

着地姿勢

練習前にサクッと見よう！ 1分でわかるドリル練習集 ピッチング編

ボールロールドリル

1 適度な大きさのボールを用意

2 右投げは反時計回りに大きく回す

3 とにかく、大きく大きく！

4 ボールが後ろにきた時に前足をステップ
（上半身と下半身の角度を作る）

ボールを小さく回すのはNG

着 地姿勢のボールロールドリルをご紹介します。

まずはサッカー、バスケット、バレーなどで使うボールを用意してください。ある程度の大きさならどんなボールでも構いません。今回の課題は着地姿勢なので上半身と下半身の角度差を作ります。

ボールを持ち、右投げの場合は反時計回りに回します（左投げはその逆）。何回かボールを回したら自分のタイミングで前足をステップします。そこで前足はバッターの方へ動くので大きな角度差を作りやすくなります。

注意点は、ボールを小さく回さないこと。小さく回してしまうと胸や肩甲骨の動作を十分に作れません。腕だけでボールを回してしまうからです。腕を強く振るには手先（末端部）などではなく、身体の中心を大きく動かすことが肝心です。フォームを習得するためのドリル練習ですが、動作を十分に出すためにも大きく動かし、身体の中心（胸や体幹部）から動かすことを意識しましょう。

着地姿勢

練習前にサクッと見よう！

1分でわかるドリル練習集 ピッチング編

セパレーションドリル

上半身と下半身の角度差をつける。前足はその場でチョンチョン

腕は力強く振り切るべし！

YouTube
チャンネル動画で
さらにくわしく

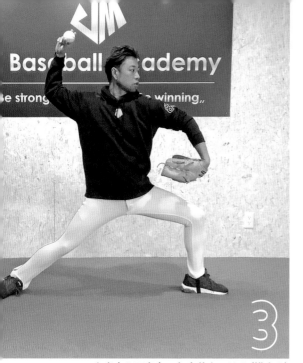

上半身と下半身の角度差をつける（横向き）

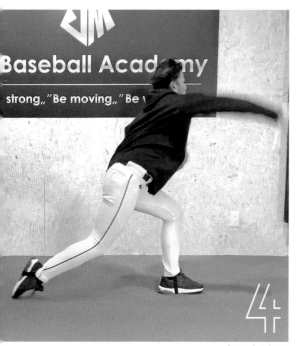

一気に腕を振る

セパレーションドリルを
ご紹介します。

並進運動とテイクバックが
適切にできるようになると、
上半身と下半身に角度の差が
できます。

とはいえ、実際にはフォー
ムを作ってから腕を振り切る
まではノンストップです。その
ため、それぞれの動作ができ
ても、組み合わさると上手く
いかないケースがあります。

セパレーションドリルでは
並進運動とテイクバック動作
を終えたところからスタート。
動画で、動作のお手本を示し
てるのでご覧になってくださ
い。

このドリルのポイントは、
上半身と下半身の角度差を作
ってから腕を振ることです。
そうすると「強く腕が振れて
いる感覚」を味わえます。感
覚というと抽象的な表現です
が、角度差がない場合、腕を
振る力が弱くなります。身体
の構造から考えれば当然のこ
とです。腕が強く振れている感
覚が理解できてくれば、動作的
にも良い影響が出ます。ぜひ
トライしましょう。

練習前にサクッと見よう！

1分でわかるドリル練習集　ピッチング編

胸の反り

正面スロードリル

1 ボールの投げる手を
後頭部にセット

2 腰の向きと足の向きは
できるだけ固定してヒジを引く

3 横から見た場合

4 ヒジを引けるところまで
引いてから腕を振る

YouTube
チャンネル動画で
さらにくわしく

5

ヒジの引きが不十分ならNG

6

このままの調子なら腕の振りは速くならない

正面スロードリルをご紹介します。強いボールを投げるには、身体の中心の部位から末端部（腕・手）を動かしていく必要があります。本書を熟読している皆さんならもうおわかりですよね。そうです、末端加速（運動連鎖とも言います）のことです。

たとえば、釣りをするとき、釣竿の根元を持って投げると、先端部分は大きく速く動きます。こうして大きなエネルギーを作り遠くまで投げることが可能になります。

ピッチングも原理はこれと同様です。「胸の反り」と表現していますが、ここが釣竿の根元部分と同じです。釣竿の先端部分は腕や手となります。釣竿はしなりが戻ることでエネルギーが大きくなります。ピッチングで考えると胸の反りや筋肉の伸びちぢみに該当します。腕を速く動かすには、こういった身体の使い方が必須です。

このドリルでは、投げる手を後頭部の後ろ辺りにセットしてから、ヒジを可能な限り引きます。このときヒジを思いきり引くのがポイントです。手ごと引いてしまうと胸というより身体全体の向きが変わってしまうため、効果的ではありません。詳しくは動画を見てもらいたいのですが、腕を強く振ることに腕に意識がいきすぎると上手くいきません。理由は、末端部だけの動きでは十分な加速を得られないからです。

練習前にサクッと見よう！

1分でわかるドリル練習集 ピッチング編

胸の反り

ループスロードリル

1 腕を上にあげたところからスタート

2 右投げは反時計回りに回す
（左投げはその逆）

3 胸の動きと連動する感覚をつかむ

4 腕が振られるように

最後にボールを軽く投げる

ループスロードリルをご紹介します。

ボールを持った手を上にあげて、反時計回りでボールを回すドリルです。正面スローの際に末端加速や運動連鎖を使うことを説明しましたが、まだ身体の使い方が上手くできない場合は腕だけを使って投げてしまうケースが目立ちます。そういった選手の特徴はヒジが前に出すぎること。「押し投げ」と言ったりもします。胸や肩甲骨といった大きい部位が上手く使えないため、腕の力に頼ってしまいがちです。その結果、ボールに伝える力も弱くなります。またヒジが過度に前へ出過ぎるとヒジへの負担が大きくなり、ケガをしてしまう可能性が。その観点からも、必ず修正した方がいいポイントです。

野球指導の現場では、「ボールに回転をかけろ」というのが常套句になっていますが、解釈によってはボールを撫でるようなフォームとなり、結果としてヒジが前に出てしまうことが少なくありません。言葉だけではなく、身体の構造的な部分から理解して練習していきましょう。

リリース

練習前にサクッと見よう！ 1分でわかるドリル練習集 ピッチング編

ボールキャッチドリル

色々な種類のボールを用意する

リリースの時に指は
少し曲がったまま固定する

手首が折れたりすれば、
リリースの力は弱くなる

理想の指の形をキープして
ボールをキャッチ

YouTube
チャンネル動画で
さらにくわしく

5

質感や重さの違うボールでも練習する

ボールキャッチドリルを
ご紹介します。

リリースでまず第一に押さ
えてほしい点は、「ボールの
中心に指で力を伝える」こ
と。4章での動画でもお伝え
しましたが、小学生～中学生
と、かなり多くの選手がボー
ルの中心に力を与えることが
できていません。肌感覚で言
えば、八割以上が上手くでき
ていません。逆を言えばそれ
だけ軽視されがちな点でもあ
ります。

しかしここを改善すること
ができると、一気に球速UPす
るケースも良くあります。

エラー動作の多くがボール
の右下側に力があたります。
また中指がボールにかかっ
てない場合も少なくありませ
ん。このドリルではリリースで
使う人差し指と中指でキャッ
チすることによってリリース
で使うべき指に刺激を入れ、
リリースで二本の指を使いや
すくさせることが狙いです。
ボールの中心を掴めないとボー
ルが地面に落ちてしまいま
す。遊び感覚で練習に取り入
れてみてください。

練習前にサクッと見よう！　1分でわかるドリル練習集　ピッチング編

マルチボールスロードリル

1 色々なボールを用意する
（重さ・大きさ・質感など）

2 あとは投げるだけ

3 遊び感覚で

4 色々なボールを投げれば、
リリース感覚が良くなる

発泡スチロールのボール。
簡単に曲がるので力がどうかかっているかを
目視できる

マルチボールスロードリルをご紹介します。

先に断っておきますが、このドリルはフォーム練習のためのものではありません。

先ほどのボールキャッチドリルと同じく、様々な種類のボールを用意します。軟式Ｊ号、Ｍ号、硬式、スポンジ、プラスチック、サンドボールなどなど。

大きさや重さ、素材などもあえていろいろなものを準備します。やり方はこれらのボールを投げるだけ。ただし、重さのあるボールは、肩やヒジへの負担が大きいので数は少なめにし、全力投球ではなく五割程度の力で投げてください。いろんな種類のボールを投げることによって、条件が変わったとしても、適切なリリースをできるようにするための練習です。

あえて同じ条件のまま練習するのではなく、いろいろなボールを投げて感覚を磨きます。スポンジボールやプラスチックボールの場合、力の加え方によっては大きくカーブしたりスライダーになったりシュート方向に曲がったりします。そのため、ボールに力がどう加えられているのか、ボールの軌道を見るとなんとなく力の与え方を推測できます。このドリルも、遊び感覚で練習に取り入れてみましょう。

練習前にサクッと見よう！ **1分でわかるドリル練習集**　守備 編

イレギュラーバウンドドリル

1 障害になるものを用意

2 捕球する人の前に置く

3 立てひざの姿勢で
スタート

4 普通の姿勢でもOK

YouTube
チャンネル動画で
さらにくわしく

転がってきたボールを捕球する

　　　レギュラーバウンドドリルをご紹介します。
　　　主にゴロ捕球を上達させる、かつグローブで正確にキャッチ
をしていくドリル練習です。やり方はシンプル。
　守備側は捕球姿勢の状態で待っておきます。ペアで行いますが、ま
ずは相手にボールを転がしてもらいます。ここで面白いのは捕球位置
の少し前に障害物が置いてあること。バットやトンボ、あるいは、ペッ
トボトルなどでも良いかもしれません。障害物にあたればボールはイ
レギュラーしますのでとっさの判断力を養い、動くボールを正確にキ
ャッチする良い練習になります。
　ボールはイレギュラーで飛んできます。くれぐれもケガをしたりす
ることのないよう、十分注意してください。ボールを柔らかいものに
変更すれば、そういった恐怖心もなく練習できるのでオススメです。
　慣れてくればスピードを速くしたりテンポを速くしたりすることで、
バリエーションがつけられます。いろんな捕球姿勢を試すのも良いで
すし、簡単なノックくらいであれば応用練習ができます。少々のイレ
ギュラーにも反応して正確に捕球できるようにしましょう。

練習前にサクッと見よう！

1分でわかるドリル練習集

ハーキーステップ（前）

守備編

1 肩幅程度に足を開く

2 その場で小刻みにジャンプ

3 合図やボールが転がってきたら
一気にダッシュ

4 また小刻みにジャンプして…

合図でダッシュ

5

守備ドリルのハーキーステップをご紹介します。

実際にやる人と合図をする人にわかれて行うとより効果的です。

ハーキーステップのやり方は、両足を肩幅程度に広げます。軽いスクワットの姿勢からスタートし、両足をそろえて小刻みに素早くジャンプ（足踏みのように）します。これを何度か行ったあとにペアのもう一人は、音などで合図を出します。ステップをしている方は、その合図でできるだけ速く前方向にスタートを切ります。この練習は合図によってリアクションの要素も行えるので、ボールへの反応の練習にもなるのです。

このドリルを行う際の注意点があります。フォームなどの細かい指示はあまり出さないでください。合図から全力で前方向に走ろうとすると、自然に走りやすい姿勢になったり、力の入る姿勢になります。このドリルは動作練習ですが、合図をきっかけに全力で前方向に走らせる、判断力を磨く練習にもなるのです。何人か同時で行ったり、合図する側がボールを落とすことで、競争性やゲーム性の要素もあるので練習がより楽しくなります。とにかく、全力で走らせるのが、ポイントです。細かい指示は出さずに行ってください。

第7章 練習前にサクッと見よう！ 1分でわかるドリル練習集 守備編

ハーキーステップ（左右）

1　小刻みのジャンプから
スタート

2　ジャンプしながら
片方の足を横に出す

3　最初は難しい…

4　同じ動作を繰り返す

156

合図などで一気にダッシュ

ハーキーステップの左右の動きをご紹介します。

先ほどのハーキーステップドリルと同様のスタートです。今回の左右の動きではどちらかの足をステップに合わせて動かします（詳しくは動画をご覧ください）。やり方は前回とほぼ同じく合図をペアの一人が出します。その合図で横方向にできるだけ速く走ります。このドリルでは、右足を動かしている場合は左方向へ、左足なら右方向へ走ります。

このドリルも細かい指示は特に必要ありません。合図による反応と速く走り出すことが、スピードの出やすい姿勢をごく自然に引き出してくれます。選手には「全力で走ろう」と指示するだけで問題ありません。走り出しのフォームなども特に指示は出さないように。何度も繰り返していくうちに守備で必要な一歩目の姿勢になったり、ボールまで速く走れるようになったりします。小学生などが楽しんでやってるメニューでもあるので、ウォーミングアップにもオススメです。

157

どれだけ上達したのか、自分なりの評価軸を持て

指導者や保護者が選手（お子さん）に接する時に大切にしてほしいことがあります。それは選手に「自分軸で評価をするよう促してあげる」ことです。と言ってもイマイチわからないですよね（笑）。でも、意味を明かさず、このまま話を続けたいと思います（笑）。

さて、「自分軸で評価をする」ことを知っている選手はいつも自信にあふれています。

指導者＆保護者と子どもの場合、どうしてもフィードバックは大人側が担当しがちです。以前のコラムでコーチングの概念をお伝えしましたが、目標に共に進んでいくにあたり、コーチと子どもとの関係は対等です。

しかし、多くの指導者がやってしまうのが、ヒットを打ったときだけ喜んで、打てないときは辛辣な態度を取る、といったこと。「これはダメ、アレもダメ」、「教えていることがなぜできないんだ…」いつもこんな調子では、選手の自己評価基準は「結果」のみになってしまいます。選手がどういう過程を経てプレーしたのか、あの上達ぶりは練習通りにやったからなのかといった視点はそっくりなくなってしまいます。

目標に届かなかったら、そこは受け入れ、また挑戦すればいいのです。思うような結果

を出せないことなどいくらでもあります。結果ばかりに評価基準を持つと「結果を出さないと認められない」と思いがちです。結果に対し一喜一憂しやすくなり、常に結果を出すことへの不安や焦りを覚え、ふがいない自分を意識してしまうのです。そして精神状態も不安定に。最悪なのはコーチや保護者が良い結果を期待するあまり、失敗をすべて選手に押し付けてしまうパターンです。

　大切なのは自分がどうやって取り組んできたのか、過去の自分より上達しているのかという「自分を軸にした評価」です。自分でコントロールできることにフォーカスを当て、そこに評価基準を持てると、選手も安定したモチベーションの中でプレーができます。仮に３打数０安打だったとしても、取り組んできたフォームがしっかりとできて、自分の課題をクリアしたのであれば、自己評価としてはOKです。大人：子どもの関係ではパワーバランスはどうしたって大人が有利になります。それをいいことにすべてを子どもに押し付けてしまうのはもう終わりにしましょう。

　選手の努力する姿勢をほめてあげること、選手も自信を持って自身を振り返ることができるので、大いにやる気が出てきます。冒頭で言葉の意味を説明しないまま、話を続けてしまいましたが、これで自分軸で評価をすることが成長につながることを理解できたかと思います。

少年野球が
メキメキ上達する
60の科学的メソッド

2024年5月7日　　第1刷発行
2024年8月24日　　第2刷発行

著　者　　　下　広志
発行人　　　尾形誠規
編集人　　　藤塚卓実
編集協力　　平林和史
発行所　　　株式会社 鉄人社
　　　　　　〒162-0801
　　　　　　東京都新宿区山吹町オフィス87 ビル3F
　　　　　　TEL 03-3528-9801　FAX 03-3528-9802
　　　　　　http://tetsujinsya.co.jp

デザイン　　鈴木 恵（細工場）
イラスト　　子原こう
印刷・製本　株式会社シナノ

ISBN978-4-86537-270-0　C0075
©Hiroshi Shimo 2024

本書へのご意見、お問い合わせは直接、小社まで
お寄せくださるようお願いいたします。